黃崑巖談教養

黃崑巖◎著

序

黃崑巖

柏林大學的創辦人洪保德（Wilhelm von Humboldt）是極端重視教養的人。歌德一八三二年逝世被認爲是德國古典時代的終結，而洪保德大約也是和歌德同期的人，僅晚逝前者三年，這兩個人對德國人的教育與社會之重視教養，發揮了很深遠的影響。我很尊敬的朋友何曼德，曾追隨外交官父親待過不少地方，也受過不同文化的薰陶，對德國文化有獨特的閱歷。他認爲德國人是個人教養境界很高的民族，講到教養，就非提德國不可[1]。依洪保德的看法，教養是值得我們傾力追逐具備在身的資產，是精神內涵很高的境界。追逐的自然結果是個人的提昇，個人的提昇會導致社會的優質化，因爲社會是由人所組成的共同體。

在過去封建的社會裡，兒子多半繼承父業，平均壽命也不長，一般人很少有考慮一輩子要做何種工作或過何種目的爲主軸的生活的餘暇與空間。但現在不同了，社會比以前多元複雜了不知多少，活在人間的時間也增長了許多。雖然傳統繼承家業的觀念或許未被拭盡，個人爲主的思維方式已儼然成了生活的中心目標，幾乎每一個人都有爲自己過何種生活、追尋何種目標，抱何種人生觀，並爲這目標打下基礎，作深入思考與探究的機會。這被認爲是追尋教養的起源。

教育如果辦得好，可以增強個人思維的能力，點出思考的正確方向。如果教育成功內涵又正確，它會爲社會增加能辨識是非，讓理智與道理控制行爲的人，社會就會更合乎人性，和諧與安詳。如果教育只偏重就業，甚且走極端的學以致用而講求生存的競爭力，忽略了藏在生活基座的文化面，或失去改善生活的功能，就會逐漸成爲訓練技能的工具。如果教育沉淪到這個地步，教養的價值在社會也會全面滑落，人成爲錢財與情緒的奴隸而爲非作歹，談不上國民所企求的安居與樂業。

教養確是難以捉摸的概念，值得大家的省思。它具有許多面具，會在我們不經意時露面讓你恍然它的用處。本書的目的就是在探究教養的這些不同面具，如果它有助於讀者了解教養無形的影響以及它在做人方面的必要性，我們的社會會有不同的明天。

二〇〇四年夏於台北

目次

第二部　教養的涵義

第三部　他山之石

第四部　教養的影響力

第五部　我的努力

第一部

教養有如一陣風

教養有如一陣風

誰見過風

因爲在台灣歷史上第一次的總統候選人辯論會，我提問到「教養」兩字的意義，「教養」這個名詞突然成爲大眾、媒體與親朋的中心話題。不少人一碰面，會急忙地問我「教養」指的是什麼內涵？但我才不相信這世上有對教養毫無概念的人。我也不相信每個人的心裡沒有一把尺，來衡量自己或別人的涵養。

問題在當有人問起我們具體地說是在衡量什麼東西，我們卻講不出它的輪廓與外貌，遑論要三言兩語描述它。但我可斷言「教養」這兩個字是要不斷的省思與探討的；不作這種省思，就很難提煉出它的眞面目，因爲它是無形的概念。如果沒有經常省思，驟然被問起教養指的是何物，要三言兩語下定義，絕非易事。要捉住它只好多作思維，這概念才會有品評的焦點。教養即人的風格與氣質，具有不少不同的面具已如上述，它型態不一，值得從不同的角度去推敲。我曾經編纂了名叫《SARS的生聚教訓》的書，在裡面我引用了十九世紀一位英國名詩人克利斯蒂納・羅塞蒂（Christina Georgiana Rossetti）的一首詩，在此再引用它，對若隱若現、難以捉摸的「教養」兩字的影子也可算是一幅生動的影射。這首詩的題目，叫「誰見過風？」

Who has seen the wind?
Neither I nor you;
But when the leaves hang trembling
The wind is passing thro!

個人的教養有如一陣風，誰想看它或捕捉它，必須從一個人的言行去察覺、推測與判斷。教養的要素極多，但難的是，它平常難以窺見，只在特殊的狀況下才會呈現在別人面前，讓您辨識。反過來說，缺乏教養也在面對狀況時才會露出馬腳，讓你看到這種人內涵的貧乏。這與誰想見到風，必須從觀察被風吹動的樹葉去推斷，是同一回事。中文裡所指的風骨，可能包涵在教養的成分裡。而社會有風骨氣節的人一多，一起來呼風喚雨，蔚為風氣，社會的品味就自然提昇。

教養兩個字是有威力的，沒有人會聽別人說自己沒教養而覺得心怡的。實際上，一群人在一起，聽到有人一提到某某人有教養，心裡會有一陣汗顏的感受，揣測別人是否在指摘自己缺少教養。這種感覺立即會形成一種壓力。可見教養雖然像一陣風似地靜靜飄動，但它確是生活裡被重視的東西，這也是洪保德勉勵一般人應努力培育教養，當做私產珍惜它的道理。

很多人認為教養與教育程度有關，認定它是藍白領兩級的分際；有人認為教養代表審美的能力，是藝術創作細胞發達的表徵；有人更認為它代表自律與自制的功夫，所以安靜寡語、守規矩，就是教養的表現。的確，守規矩是常用來衡量孩子「好」與「壞」的尺度。混血的韓素英說她在四川長大時，在中國的大家庭裡以沒有教養知名，這恐怕是韓女士被以中國式的一把尺衡量是乖或是不乖而獲得的烙印。所以教養的定義難免還有文化的因素摻雜在內。若沒住在四川的大家庭，韓素英小時可能不會有被視為沒教養的孩子的厄運[2]。

有人以氣質與風貌或者舉止典雅來衡量一個人的教養。這些看法都沒有大錯，氣質本身往往也包含所有這些特質。可惜這些特質，再說也只能是個人教養的一部分，因為教養還得要看一個人面對抉擇的挑戰時，是否作得出富於智慧的判斷與抉擇。就像哈佛大學的一般教育學院院長說：「不是所有的大專畢業生都是知識分子，所有的知識分子也不見得都是大專畢業生。」是一樣的道理。換幾個字，它會變成「不是所有有上述特質的人都有教養，而有教養的人也不見得都有這些特質」。希特勒就是最好的例子，但這容後再談。

社會是教養存在的起點

人類有明顯的社會屬性，離開社會，人類基本上只能維持畸形的存在，而成爲社會的邊緣人。成了社會的邊緣人，就無教養可談，這種人的生命只是陽春的生存。所以要知道如何在社會裡經營生活，似乎也是教養的起點。

達爾文[3]基於他自己多年的觀察，於十九世紀引出了生物演化的結論，提出了進化論（或稱演化論）。但他同時也強調只有人類才會有動物沒有的特殊社會，並且認爲只有人的社會才有眞正的倫理。我們的「上一代」祖先猩猩，於數百萬年前決定放棄棲身於樹梢上的生活，跳到地上經營靠雙足頂天立地的獨特的新生活方式。他們改變生活型態的動機並不明確，但揣測則多。不管牠的動機如何，不難肯定的是那時人類已經有了創造文明的基本機能：即思考。因爲原人已能思考，人類開始發展了社會群居的生活，製造工具，演化到現代人發展語言以資溝通。後來更制訂了制度，文明逐漸形成，人得以告別蠻荒組成社會，並且爲人類的生活添加繽紛的文化，這些都是思考與情操的境界逐漸提昇後的產物。

成功的個人能在社會裡成長，成爲能貢獻社會的人，這在個人方面需要教養。依達爾文的說法，這要靠利他互助的精神，人才能與社會共榮。人類社會，要靠社會每一成員的努力提昇。而且這提昇要能落實而不流於口號。生在社會裡而空過一生，成爲對社會的提昇或自己的提昇毫無成就的社會人，對我來說是浪費一生。

要能成爲一個成功的社會人，人都要樹立生活的目標，要做到這一點，對生活的意義要有所省思，而領悟是先決的條件。俗語說偶到人間一遊，如何享受這偶然賜給我們的七十年或八十年，或甚至於一世紀的旅遊，要如何花掉它而終結一生，是人生一件大事，這靠自我思維，需要智慧。

人要生活不能光活著，後者強調的僅是軀體的生存，是動物性的本能，它與努力擺脫雲豹、獅、虎，而奔走求生的非洲羚羊的本性沒有兩樣。人的生活要有經營的主軸，不能隨波逐流。思考過要如何生活得像一個有用的社會人，他才算有教養，有他自己的風格、理想、品位與尊嚴。於是深入檢視什麼是教養之前，我們不妨試著爲教養先下一個簡短的定義：

教養是一種內在自我的教育，對自己在宇宙與社會裡的定位有清楚的掌握與認知，對周遭生物的生存權利有敏感度，對別人的感受有所尊重，具強烈的正義感，知道如何節制自己，擁有具有目標的人生觀，是有擇善原則的社會人。

最重要的，是要做一個自知如何才能成爲對整個人類社會做有意義的貢獻的人。這種行爲的基本準則，是俗語所說的「知有所爲有所不爲」。乍聽之下，上述的定義似乎在指一個完人，但天下完人有幾？我認爲做不到完人無妨，肯爲達到這境界作終身努力的也該算是有教養的人。教養，所以是發自個人選擇，爲理念作自我鞭策的生活風格。

人人都須體會教養的價值

這是個人的教養。但就如上面說過，社會的大多數成員如果有教養，或爲教養的養成能作各自的努力，社會整個共同體也會不斷地精緻化，尊重生命、注重禮貌與禮讓、和諧相處、安寧而有秩序，歸根究柢，社會的特徵是集成員之大成的表現。這就是有文化的社會、有文化的國家或文化共同體的表徵，社會才算有水準。國家社會如果想提供國民有尊嚴且有目標的生活環境，就應該追求這近乎眞善美與正義的生活環境。這種看法究其來源，與德國所傳承的普魯士人精神相差不遠。

當然這只是過於簡化了的教養的定義，眞正檢視起來，教養有數不完的層面可以陳述。不管教養定義如何，我們的社會有太多看不出教養是值得注入精神去追尋的成員。如能體會出教養的重要性，台灣社會不乏有能力扭轉局面、提昇個人與社會內涵的人士。可惜，因爲太多人看不出教養的價值，長年下來疏於強調教養不可排擠，國內社會逐漸庸俗化，在國際舞台上已不能與別人平起平坐，整個社會共同體已面臨非作大改造不可的關鍵時刻。而一批人聲嘶力竭，力主人格教育必須加強的呼籲，對許多人仍是馬耳東風，或者不知如何下手，挽救的法子與對策從未具體化。

這社會有太多不知如何改造社會的有心人，他們只求隨波逐流而生存。極端的例子是精神醫學家所稱的精神分裂症，有人稱它爲整合失常症，這種病人無法與社會同步。傑維特（Javitt）及柯利（Coyle）[4]形容這種病人已失去了成功地成長爲社會人的幾個要素，這些要素是：人格品味、社交內涵與機智。這兩位科學家的分析文章不禁使我一陣寒悚，心想：我們的社會是否有太多同胞不會成爲茁壯的社會人？到底是哪裡出了差錯？問題的根源是否是缺乏教養？精神學專家認爲我們的社會應該向精神醫學求救的人有一百多萬人，這是否表示我們的社會充斥著社會的邊緣人？

教養要靠自己省思與琢磨

思考無疑是教養的開始，因爲教養多半要靠自己的省思與琢磨，而思考正是這種腦際的實際工作。

達爾文於一八五九年分析生物演化的奧秘，提出其進化論，指出人是幾百萬年前由猩猩演化而來的。這種理論是嚴重冒犯基督教教義的說法。如果達爾文的理論是在中世紀伽利略時代公布於世，他的下場一定可與伽利略相比，虧得達爾文是生在啓蒙後的歐洲。雖然如此，達爾文的理論提出後一百年的一九五四年，教皇庇護十二的手諭，仍將達爾文的進化論解讀爲一個沒有實據的假說，等於賞了達爾文手背之罰。但轉眼過了才半世紀，現任教皇若望保祿二世已擋不住近年來迅速累積的科學證據，在他的一九九六年的通諭中宣布達爾文的進化論，已有足夠的科學證據來佐證它不是一個假說。可見面對近年來累積的科學證據，教會也不得不面對現實。

初期人類的腦容積，繼承黑猩猩的特徵，充其量不超過五百西西。北京協和醫學院研究的結果顯示，在周口店出土，五十萬年前左右出沒該地區的北京猿人，其腦容積已經大到一千一百西西。今天六十億現代人的腦，又已經增大到一千四百五十西西左右[5]。腦容積量的增加，表示現代人腦作用比演化成爲人類的原始人複雜，而機能種類也多了。演化帶給人類許多猩猩做不到的新技能，其中最重要的莫過於整合、分析與思考的能力。人類不但思考、分析、求知，更有了複雜的情緒來當作生活的「伴奏」，使生活的內容更複雜而處處帶起詩意來。這些能力顯然寓於現代人的腦所新發展出來的所謂新皮質，其中最明顯的是額部。北京猿人的頭顱雖比猩猩大到將近後者的三倍，但他的額部比我們現代人的額部平坦得多，因爲他們的額葉不發達。北京猿人的思考能力因此不但有限，也一定缺少作邏輯分辨、作富於智慧的決定而付諸實行的能力，因爲額葉的功能就是司掌這些腦際工作。

思考是教養的原動力

於是人類在進化的路程上，成了會思考、辨別是非、邏輯推理的特種動物。人一到能作較爲複雜而成熟的剖析事由的年齡，應該利用教育把這支思考的刀子磨亮磨利，用它解決生活上的問題，排除其障礙，建立風格，否則思考之刀會立即生鏽鈍化。思考與修正，可以導引人成熟爲社會人，因此思考是教養與風格的原動力。

亞里斯多德在他的鉅著《形而上學》裡開門見山，說求知欲是人的本性，打破砂鍋問到底，求知必須運用腦力的思考，是不容置疑的道理。被封爲現代哲學鼻祖的笛卡兒（Rene Descartes），把人體分爲作思考的理性與機械性動作的肉體，他認爲人的特徵或存在的意義，關鍵在人能思考，他最膾炙人口的一句話

「我思，故我在」就是這種見解的結晶，我相信任何人都聽過這句話。如果我從反面推敲這句話的意義，會有另一個說法：不善於思考，就不能過一個配稱爲人的生活，因爲生爲人就該思維，而探究事理的能力是人類物種的指標。如果再追究下去，不思考、分析事由的人，根本就不配稱爲人。依林奈（Carolus Linnaeus）於十八世紀給人類的林奈式拉丁文命名物種的方法，人類叫 *Homo sapiens*。*Homo sapiens* 的意思是「聰明物種」，或「有智慧的物種」的意思。我們既生爲現代人，如果不知運用自己的思考與智慧，只迷迷糊糊過日子，這頭銜恐受之有愧。

我敢說，任何人都有過發現人是不停地在思考的動物的經驗。舉一個例子說明，我早上六點鐘就起床走健步機（treadmill），把要走的時間、距離或步伐輸入機器的電腦開始起步，卻無時無刻會有去查看數字好確定還要走多少時間的誘惑。我發現抗拒這種誘惑，只有一個方法——就是去想別的事。換言之，是用另一個思考強迫自己忘掉看還剩多少時間的慾望，別無他法。若不這樣，至少也必須時時刻刻故意提醒自己，不去查看標示器。這種現象全因爲人是無時無刻不在思考運作的存在。

事實上我們每一天所消耗的能量，百分之二十是花在腦中樞的，你坐在那裡不做任何動作，這能量的消耗比例也變化不多，佛教坐禪強調摒除雜念，以達到淨空腦中的境界，這種境界一般人不易達到[6]，如果是我，還得靠上述自己的法寶應付，才能奏效。根據弗洛伊德的說法，人在睡眠中思考的動作還是不斷，睡眠時的能量消耗也不例外，做夢是一個好例子。有人甚至於說夢是人的意識與無意識不受空間與時間限制的對話[7]。思考既然無法避免或打斷，如何把這不停的運作導入有意義的軌道，建立有意義的人生觀，是人的生涯裡的大挑戰與考驗。

訓練思考與分析能力

那麼什麼值得思考呢?答案是什麼都值得思考，但思索的目的是在理出事情的前因後果，事情演變的緣由，從中汲取教訓，或使思考的結論變成另一思考系列的材料。換言之，思考是分析事由的訓練，不斷思考，會提昇思考的要領，生活的向上。思考時要讓思考這隻馬脫韁奔放，練習引出結論。例如說，你可曾想過，每日有大大小小地震的台灣，據稱有一百萬隻在大街小巷自生自滅的流浪狗，但九二一大地震時，爲什麼搜救狗還要來自沒地震的新加坡與瑞典等地？不知道你的結論是什麼？若硬要問我該多想什麼，我會勸年輕人多想如何生活，如何建立有尊嚴與風格的存在。

查遍國內各校的中大學課程，著實找不到激發思考潛力的課程，這會冤枉糟蹋了人思考與分析的特種能力。如果教育者不知道這種課程如何安排，我奉勸閱讀何曼德院士的《我的教育、我的醫學之路》。方法其實很簡單，是開設把閱讀與交換感想或讀後辯論連在一線的課程，讓學生自然地發展思考與分析的能力。如果學校沒有開立這種課程的教員，必須立即著手訓練或改進師資。不管國內校園自主的精神如何高漲，這是教育部責無旁貸的監督項目，因爲教育部如不能負起把教育推上改善社會成員，以求提昇社會的責任，就有虧它存在的意義。

思考與語言宛如一對連體嬰

腦的機能都是互補的，人類演化的結果，思考能力逐漸深化而擴大，又衍生出許多動物沒有的其他機能，包括幻想、語言與知識[8]。動物與動物之間也有用聲音、噪音互通消息的，但卻沒有人類以外的任何動物，能像人一樣地發展語言。語言與溝通成了人類生活共同體的構成關鍵。最珍貴的是人的語言是沒有邊際而變化無窮的，任由使用它的人發揮創意來表達理念，英文有一個字叫generativity指的就是這個創意。語言在這一點來說是一項活工具，只有人能用這種工具，精確地表示自己的觀察、體驗，以及因地、因時、因事而起伏的情緒。我們偶而會在電視或科學的雜誌報告，看到能瞭解人類隻字片語的猩猩，但那還是限於三言兩語，並沒有實質內容的語言，所以無法脫離馬戲團特技表演的範疇，看著這種特技反而增強我對人類語言的起源與價值有所認知，倍加珍惜我們所具備的這種稀有能力。

語言是做人重要的要素，因爲與人接觸與溝通、互通消息是人類社會生活的基本現象，是社會構成的幾種要素之一。思考與語言有如一對連體嬰，語言是表達思維的手段，亞里斯多德早在紀元前率然指出：「語言是思維經驗的表達。」語言的這種認知一直在西方世界的中世紀，經由拉丁文傳承下來。今天一般研究語言起源的專家，所持的共識大概也離這傳統看法不遠。人如果沒有語言，就沒有知識的開展、經驗的累積或文化的創立。我說思考與語言宛如一對連體嬰的原因在此。不知有沒有人問過你，你是用英文思考還是用中文思考的？言外之意似乎指不能言語就不會思考，而且思考還是靠腦中以語言運作的產物。語言學家則沒有這種想法，他們認爲人的溝通不只靠語言，因爲我們的身體仍遺留有動物性的溝通方式。說尚不能言語的新生兒沒有思考的能力，語言學家大有意見，實際上科學證據指出，新生兒能語言之前，已有思考的雛型[9]。

建立正確的生命觀、歷史觀

正視生命的價值

生命的價值觀，是我們社會文化頗弱的一環。一般人忌諱坦然把生與死當作人生的表、裡兩面，泰然自若地談死亡的意義。「死」至今仍是止於「凶」一個字。糾正這問題要靠家庭教育、學校教育與社會教育，配合自我求上進的動力，一點一滴的把心得累積，不然國內被糟蹋掉的生命只會增多不會減少，我們最近常聽到駭人聽聞的虐待兒童身心、殘酷對待動物生命、扭曲兩性關係、家庭暴力以及重大刑案，都是國人生命觀基礎不穩固的呈現。

個人沒有正確的生命價值觀，就談不上對共同體的貢獻，更談不上過利他的生活。可惜這些問題很少在我們的社會成爲論題。我曾問澳洲來的著名學界耆老法蘭克·弗納（Frank Fenner）什麼叫倫理，他思考傾刻之後說它是社會的良心。但對社會焦點問題，由公眾的議論以求獲得共識，並不是我們社會的特長，這顯然也與國人不擅於思考的老毛病有關。

二〇〇〇年七月廿二日，四條寶貴的生命因救援無術而在八掌溪終被山上沖來的洪流捲走，成爲游錫堃摘冠下台的主因，但社會對這問題探討不深，焦點多集中在追究誰該負責下台而推諉責任，做不出痛定思痛的實際行動，生命觀也沒有經過這次經歷而深化。

二〇〇三年SARS疫情高峰期的一個事件就證明這一點。一位醫師旅遊於日本關西，回國後身體不適，被診斷爲SARS。日本關西一帶聞訊如臨大敵，所有這位大夫住過的飯店停業數天，該地醫院則舉行疫情演習。演習中的病人，都是舒適地躺在負壓艙中搬運入院的。我們呢？澎湖的一對中年夫婦病人，因染SARS需要飛到台灣本島診療，在澎湖苦等廿多小時，卻不見直升機馳援，各方忙著爭論外島救援工作應由誰管轄，完全是兩年前八掌溪事件的翻版，表示我們草菅人命的一貫作風，沒因八掌溪的悲劇而洗滌一番。

這還不算，這對夫婦最後是以船運載至高雄。我看他們身穿一件薄如紙張的雨衣，一雙長統雨鞋，連拖帶爬由人扶持上船。船方因無陰壓設備，不讓病人躺在船艙裡的床上，而坐在甲板的椅子任憑風吹雨打過海。到了高雄港，我以爲高雄市衛生局已經把擔架等各種器械準備就緒在碼頭等待他們，結果船靠岸卻沒人接應，他們還得由人扶著走下空橋。這與日本應變措施之人性化是強烈的對比。

教育的目的如果放在培養有生活目標的社會人，而社會人既然是有生命的人，我們的工作起點也不能忽略生命觀。但當我們談生命、生命現象或生命教育時，所關心的不能侷限於人的生命。據生物學家的估計，自然界有一百七十萬到兩百萬種左右的生物。所以我們要知道：

1. 人的生命是眾多生命的一種而已
2. 這些生物有的是直接或間接地在支持人的永續生存，沒有它們，我們自身

的存在立即會受威脅，所以不能以爲人可以明哲保身

3. 所以我們愛惜生命，要及於所有眾多的生命才可以，切不可以自然界的主宰者的態度君臨世界。中國通的外國人像賽珍珠[10]、白修德[11]等都在各自的著作裡表述過中國人對待動物的殘酷，並不是沒有道理。生命觀在教養的領域有極特殊的重要地位。

探索歷史的演變

歷史是人類活動的紀錄，前人如何踏出這一條我們今天的路，我們應有所領悟，這對我們以後爲下一代走出什麼樣的路，會是一個思考的玄機，無價的贈品。我曾唸了一本書叫《數學史家與醫學史家的對話》，裡面強調歷史觀是智識分子人人應有的基本條件，而且講到細節處，兩位對話人皆強調人人都應該知道世界歷史，歷史不應是歷史家的自家事而已，這尤其是合於全球化需要的時髦

話。

但他們又說，如果精於世界史太難，那至少要好好唸唸本國史。如果這也無法做到，智識分子起碼應該精通於自己學域的歷史。如果這也做不到，那窮喊承先啓後，高呼對整個社會作貢獻的人，只是在唱一場口號而已。這也很對，不知過去一段演化的來龍去脈，何以懂得承什麼先、啓什麼後？我也認爲知道自己在歷史洪流裡的定位，人才會越來越謙虛。

羅索夫斯基（Honry Rosovsky，前哈佛大學文理學院院長）也把歷史觀放在智識分子的第三個條件，這我完全贊成。但我得提醒讀者，讀歷史並不是光要知道什麼人在何時做了什麼，換言之，讀歷史如果是爲了死記歷史事件的流水帳，意義不大。學歷史一定要配合思考，目的在探討一樁事件對後來的人類文化發展與演變有了何種影響。舉一個簡單的例子，倫琴（Roentgen, Wilhelm Conrad）於一八九五年發現X光線，這一事件對廿世紀末桃莉羊的出現有何因果關係？我們學過去的歷史，爲的是了解今天之所以然。這與錢穆先生在《中國歷代政治得失》

一書中，強調研究歷史在當今時代的重要性，是與學歷史的目的之一脗合。他雖然對歷史事件以今日的觀念去詮釋常會有扭曲歷史眞象有所提醒，但我認爲這與學歷史的目的不相悖。我對錢穆所說「歷史的時代意見」的探討，是很重視的。

第二部

教養的涵義

語言與教養

人既然是能思考的動物，而思考的終究產物是感受與領悟，語言的用途，則在用來表達內在思考的產物，所以它自然被認爲是與人溝通而成爲社會的一份子必要的技能。它也是教養的要件。

教養的德文字義起源

教養這一個字在東方的起源，是中國或是日本，我無從考據。上面說過根據韓素英的說法，顯然教養兩字多半用來描述在大家庭裡的小孩乖巧與否。但德文的 **Bildung** 被公認爲是最貼切的表達。日本人自十九世紀末即嚮往德國文化，他們對教養的重視很可能來自德國。

依照十七、十八以及十九世紀的西歐標準，Bildung 的基本條件，是要能精通拉丁文，這種要件，隨著拉丁文世界的興衰與拉丁文書籍的重要性的消長，而逐漸被其他的語言所取代。據稱地球上有三千到六千多種語言，這眾多語言當中，有普及極廣的，或較不重要而邊緣化甚至瀕臨絕種的。據蘇黎世大學語言學家的估計，不足一萬人所操用的語言，很難承受瀕臨絕種的壓力。不管如何，語文不但能用來與別人建立心橋，它還是擷取知識充實自己的重要工具，是探訪外國文化所需要的一把開山刀。所以語文的精通成了教養的中心價值之一。日人鈴木也認爲學語言是要瞭解該國的文化，不光是爲了旅遊方便[12]。其實母語、本國語或外文，都逃不掉這基本的要求。精通語言，也可以增加閱讀的能力。溝通或閱讀而獲得的知識一多，掠過腦際作思考的東西就多，知識在腦中留下烙印的可能也就更多，是求取新知最有效的工具。它成爲思考之外的教養第二個要件，絕非偶然。

精通語言，刺激思考

羅索夫斯基在《大學》（*The University*）一書裡[13]，把一般教育（暫稱其爲liberal arts and sciences）的目標歸納成爲五個項目。其中列爲第一要項的是能精確地以說或寫的方式表達自己的意見與看法，並且使陳述具有說服力。語言已成爲一般教育成效的第一條件，這第一步無法踏出，不要說休想談到教養，就連成爲名副其實的智識分子都有可能做不到。國內有的青年在這一點就比不上英美的年輕人。國內年輕人最不拿手的問題是有人問：「你有什麼意見？」遇到這類開放性的問話，他（她）們常顯得不會整理一套說帖說服別人。這種思考過程英文有人稱爲synthesis（理念的合成）。我也認爲聽講時不會跟著講者的思路走，就做不到這一點，一件事情說不出前因後果的一套道理或意見的根本原因，是沒有把事在腦際做過思考的自然結果。沒有思考就沒有整合，沒有整合何來意見？但至少沒想過的話，該有說：「這事我沒想過。」的勇氣。很遺憾地，國內太多謙卑之心不足不敢坦率承認自己能力有限的人，只會靦腆顧旁，久久不語，或以一派胡言亂語搪塞了事。這就是國內常見的實態。我個人爲護理系上病毒學課時，請坐在第一排的同學描述她在螢幕上看到的一個被病毒感染的細胞的顯微照片影像，結果苦等半天，一句回音也沒有。我再鼓勵她說：「我知道你沒看過這張相片，但至少請你告訴我哪裡一片紅，哪裡一道藍，哪裡沒顏色，那我也可以接受。」但她依然微笑不答。

教養要靠素質、修練與學習。素質在此指的是掌握事情意義的能力；修練是要知道如何發揮天資，從經歷學習；而學習的終究目的，在把生活與工作結合爲一，賦予這結合體特種的意義並與人生觀結合。這種教育必須在我們各級學校的課程上受到該有的重視。

說或不說，攸關教養

反過來說，話多並不一定是有教養的表現，表達應以表示判斷，表現思考後的看法爲主要目的，而不是玩弄或炫耀知識，說出口的話要有品味與幽默感，多半時候講的話應該是「想通了」一件事的道理。這不必太費舌，因爲腦際裡已作過提煉的工作，看法早已成爲簡單的單元，既然已經過精煉，說明事理一定能提綱挈領，直衝要點。這種人話不多，但很容易字字珠璣。所以寡言並不一定是不善言語。

日語裡形容這種人爲「澁い」（發音shibui），查閱講談社的字典，「澁」的意思以"refined"解讀。查《日英字典》（*Campus Japanese-English Dictionary*），shibui這個字以英文註解爲嚴肅、脫俗、靜默。有一本英文小說叫*Shibumi*，Shibumi是由shibui演化而來的字，書裡面對shibui這個字有類似但稍爲冗長的定義。最使我感興趣的一句話，是「沉默的雄辯」這句話，表示有一些話，可以不說也有它雄辯的力量，甚至沉默不言，有時更能表現威力。多話會製造場面的熱鬧，卻有落於庸俗的危險，話說多了，錯誤也會多。相比之下，沉默寡言，點到爲止，倒會有壓陣四方的威力。一九六〇年代風靡一時的二重唱賽門與葛芬柯（Simon and Garfunkel）有一首歌叫沉默之聲（The Sound of Silence），不禁使我莞爾，它與上述的沉默的雄辯有異曲同工之妙。但不容忽視的是一旦開口，話要如流水，聽者才會心服。據我所知，國內各級學校教育沒有像樣的口述訓練課程。說話的技巧，直達溝通的要領，國內學校教育不注重這方面的訓練，表示說話技巧的訓練重要性未被重視。支持我這看法的另一事實是國內語言治療的專業尚未成氣候，必須接受語言治療師矯正的人幾乎找不到專家的照顧。

教育與教養

教育有昇華一個人內在涵養的作用，所以教育在很多人的身上，一定有深化風骨的作用。愛因斯坦說：「想像與聯想的能力，比知識本身還要重要。」想像力靠的是思考，當無庸置疑。愛因斯坦的確是劍及履及，能發揮想像力的人。他的相對論，以及其他重要的理論，多半是憑自己的想像力，或紙上作業想出來的。一九〇五年提出的這些理論，還是靠科學界用精密的儀器花相當長的一段時間，到一九一九年才證明愛因斯坦預測的正確。他獲得諾貝爾物理獎，更是兩年後的一九二一年的事。我曾訪問過他位於瑞士蘇黎世大學內的工作室，裡面空無一物，充分表現出他從數學起家，在那傳統悠久的大學培養了多麼豐沛的觀察力與聯想力。相反地，我曾經訪視過位於德國福茲堡（Würzburg）大學裡倫琴的研究室，裡面堆滿了倫琴在十九世紀末與廿世紀初期，進行劃時代的研究時所用的儀器與設備，可見愛因斯坦與倫琴兩個人所做的偉大發現的經緯，走的是完全不同的軌道。

但愛因斯坦的發現與倫琴相比，兩者的宏觀度不同，愛因斯坦經由世界頂級的科學家被《時代周刊》選爲廿世紀的代表人物，充分證明他所發現的宇宙運作定律影響之大，涵蓋之廣闊無人可比。但我們不能照單全收愛因斯坦的「聯想力比知識重要」一句話。事實上他本人，也在瑞士修得了博士學位，所以他有豐富的知識，加上他天資獨厚，擅於聯想，因而驅使知識的空間就大，他的思考層次在宇宙運轉的規律，而推翻了牛頓的宇宙論。如果他沒有知識，聯想的範圍受限，跳不出死框子，相對論就絕不會見天日，所以教育能決定思考範疇的大小與性質，是極爲明顯的。而聯想或思考都因此與教育有關，教育因而能決定人的教養。

爲教育下定義

上面肯定了教育在教養的關鍵性，但我們必須正視教育的精義，否則很難正確掌握教育在教養所扮演的角色。如果仔細的剖析教育兩個字的內涵，不難發現，我們普通所指的教育，只是教育的一部分而已。教育有廣義與狹義的意義。

教育有傳授知識的重要意義是沒有錯的。教育帶來啓蒙，教人識字與算術，具備生活需要的起碼要件。所以一個國家的識字率，常被拿來衡量該國教育普及的程度。赫希（E.D. Hirsch, Jr）[14]在他的著作《文化度》（*Cultural Literacy*）卻語帶諷刺地指出，做一個文化人，或有教養的人，光識字尚嫌不足。他說識字在國勢調查塡表時、或投票時看準人名做選擇，或者失業時塡乙份領救濟金的表格時有用而已。社會如充斥只識字的人們，對提昇社會的品質與水準，影響不大。赫希倡導知識人應該能掌握對方或作者、演講人所說的話裡的基本智識。簡單地說，當對方說托瑪斯曼如何如何，是對方已經假設你知道托瑪斯曼是誰。萬一你不知托瑪斯曼是何人，這場對話只會讓你在五里霧中摸索，繼續不下去。

林語堂就認爲教育的目標，在於發展智識上的鑑別力和良好的行爲[15]。一個受過理想教育的人，不一定要把汗牛充棟的知識裝在腦袋裡，但須善於鑑別善惡，辨別何者可愛，何者可憎，換言之要講究智慧與審美觀。我很同意這個見解，林語堂這裡所言，不外乎是教養與素養的問題。我不但完全同意他的看法，也寫過兩篇文章闡明我對狹義教育的看法。這種看法與論斷，也在各地的演講向各階層人士，尤其是各校師生，做了不少鼓吹。

教育有別於訓練

那麼教育的眞正目的是什麼?它在培養我們的眼光、道德勇氣、正義感、辨別是非、做判斷、下決定與實踐力行的能力，這不外乎是在訓練怎麼樣善用腦子裡的額葉。

顯然教育的目的，是偏向於智慧的發展，重點在教做人道理，求教養的深化。那麼純粹的知識是否是教育的一部分？沒錯，但從狹義的教育來說，光講究知識傳授的教育並不是教育，它只是替受訓者發展一技之長，完成職業生涯的準備，或完成任務的技能。實際上，在醫學領域裡，一位醫師在畢業後是在何處受住院醫師的訓練，我們不說教育而說訓練，老外問話，也問"Where are you trained?"而不說"Where are you educated?"。從這個角度察看台灣的教育內容，不難發現我們的教育，有太多訓練的成分，而爲年輕人培育教養的成分太少，兩者應該有適量而適度的混合。

如果以一個高標準衡量，說台灣的教育，從小到大，教養部分幾已被掏空也不太過分。台灣小學的啓蒙教育做得還算不錯，但修身做人的道理很少被顧及，到了中學即染上升學競爭的氣息，修練學生認知人性的課程皆被排擠，到了大專教育則以培養職業人爲優先。著者受過日治時代的教育，與日人一同作息，他們的教育課程中，小學即有修身一項。日本人的修身課常被國人拿來與「公民」課相較，其實兩課的內涵南轅北轍，公民課又犯有不「活」的毛病。台灣大多的教育也患同樣的毛病，因爲不注重智慧的養成與薰陶，多半的課程是以傳授職業所需要的知識爲主，既死板，又與生活脫節。與發展智慧有關的一般教育，都被排擠成爲共同課程或通識課程。而這些課程在學生的眼中，始終脫離不了所謂的營養學分。

林語堂覺得最令他難受的，「莫過於腦裡裝滿歷史上的人物，對時事顯得極爲熟悉，但是見解和態度則是完全錯誤的人。」其實在我國，這種人也絕非少見。他指的是這種人腦中裝滿知識，但說到見地，則完全闕如或者荒腔走板而缺乏原則，而最使人難以接受的是人云亦云的一票人。何謂見地？它是看法、見解、智慧，它直通教養。沒有見地的人，學問可能廣博，但教養則缺乏，鑑別能力大有問題。上面說過，判斷事情是非正誤的能力是思維的產物，是內涵的呈現，教養的表現。我們也應特別注意，林語堂重複地以智字取代知字，據我的猜測這不是一種偶然。林語堂是大師，萬不至於把知識的知與智慧的智，混淆不清而寫出一個白字才對。他說：「一個理想的受過教育者……即是在智識上能鑑別。」我向來也主張教育的目標在幫受教者發展智慧，而僅傳授知識是幾近訓練，所以中國人或日本人所用的知識分子四個字，我不能苟同。眞正受過教育而能作思維與分析的人，活得有分寸而懂得是非之別的人，應叫智識分子，而不應是只有知識的人。

林語堂的這一番話和澳洲人文生・齊格斯（Vincent Zigas）[16]在他的遺作《死的笑容》（*Laughing Death*）所說的可以說是一脈相通。他說：

> Many of us assume that the primary aim of education is the collection of a number of facts whereby the mind can be furnished. But a house must be a home, and lived in as well as furnished. It is possible to store the mind with a million facts and still be entirely uneducated; the fact must be used as a basis for thought and criticism. The purpose, therefore, of education is to produce the all-round person, one who can put his or her

specialty in the proper place.

如果把它翻譯爲中文就是：很多人認爲教育的目的，是要學生腦子裡能塞多少就塞多少知識。但要知道，買了一棟房子，不算是有了家。要成家還得有人住進去，加以裝潢。同一個道理，這個社會知識淵博但看起來沒受過教育的人太多了。智識分子要知道知識是要用來思考或批判事物才有用的。所以教育的目的，是在養成面面俱到，並且能把專業知識，放在刀口上的人。

如果我們把林語堂及齊格斯的話整理在一起，我所謂的教育與訓練的分際，會變得極爲顯明，教育的目標在開墾自我的智慧，是在講求教養，訓練只是一個生存的手段。國家在推行教育時，要記得將這兩者的份量作適當的拿捏，混合得當。當我們考慮這一輩子要如何過活時，重要的是先學如何做有教養的文化人，再學如何做專業人，如此，做專業人才不致於淪爲純粹的技術人。智慧對職業來說，也絕不是沒用的東西，因爲它會給人慧眼，識破知識該用在何處。與其說它不是沒用，應該強調技術要能用得適得其所，對社會有貢獻，還得必須靠智慧。如果看不出這一點，就會不重視造就社會人的工作，並且認為無用而予以排擠。

至於林語堂所特別強調，他受不了炫耀知識，缺少良知作正確的判斷的人，實際上他也在強調人可以寡言，也可吐放他的氣質，使人心服。這就與日人的「濊」，尤其是無言的雄辯（eloquence of silence）的意境相差不遠。

敬業與教養

立志做好每一件小事

沒有自律的精神不能期望有敬業精神。教養的重心在社會自我定位的認知，人有教養，自己在社會的定位必有明確的認知。這在常作這方面思維的人來說，會直接引發對家庭的責任感，連帶地也會對社會有使命感，敬業精神就會油然伴生。敬業精神有數個重要的要素：第一，是要能完成一件使命，有始有終，負責到底；第二，是要把該做的事情，在該完成的時間內完成，這就是限期，英文以meet the deadline來表達。人的一生有數不清的deadlines，生活從特定的角度觀察，確是deadline的連續，所以敬業精神必然是成功生活的要素之一；第三，要把該做的事情盡最大的努力，做得完美無缺。我個人有一個座右銘：我不立志做大官，也不立志做大事，只立志把每一件小事做好就好，我認爲我敬業精神不輸給任何人。

有敬業精神的人，因爲全心投入目前的工作，不會有餘暇想到目前的工作做好後，有誰會投給自己關愛的眼神而伸出提拔之手，換言之，這種人不會想把目前的工作作爲跳板另謀日後的高就。只求仕道，不想眞正做事，何談敬業？我們的社會這種人太多，事情多半做不好是其後果。

中國人常自嘲做事馬虎，做事馬虎是不敬業的同義語。何謂馬虎？做事馬虎英文叫sloppy，這是對自己的使命沒有認知的人做事的方法。馬虎與敬業精神恰好是兩個極端。後者追求的是完美與卓越，做事要卓越要靠耐性。前者做的是爲了交差，偷工減料，敷衍了事。社會的成員，是馬虎或不馬虎，對社會這共同體會有深遠的影響。德國人開車遵守直角左轉，影響所及，德國街道交通有序，社會享受的是秩序。這與日本武士轉彎不抹角或不偷工減料異曲同工。我從前執教的美國醫學院院長由我邀請來台，在台灣目睹左轉車輛，諸車不顧十字路口「直行優先」的牌示，在路口就逕行左轉，一輛比一輛跟著越早轉彎不讓直行車輛先行的德性，驚嘆曰：「看那peeling off的左轉法！」 Peeling off 是一字排開而飛行的飛機編隊，一架架向左邊或右邊轉向的動作。左轉優先是不守交通秩序、投機取巧的典型表現。大陸的交通也差不多，他們不守交通也已經是國家的象徵。我曾遇見的大陸高幹告訴我，大陸流行一句話叫「綠燈直著走，紅燈繞著走。」這句話的涵義與台灣南部的口頭禪「交通號誌僅供參考用」是同一碼事。

敬業與否攸關性命

不敬業的人做起事撐不到最後一秒鐘。成大醫學院在規劃時期，有位日本的空調專家來台提供意見，這位姓望月的空調專家，仔細看了台灣幾棟新建的大樓之後，給了我一句他對台灣建築物的觀感：「台灣的工人做事缺少最後五分鐘的衝刺。」這意見很清楚地指我國工人不夠敬業與堅持，換言之，是馬虎。馬虎有時是會出人命的，所以缺乏教養缺乏堅持，不但會使生活失去方向，連生存都會受到威脅。數年前發生的聖母峰山難是典型的例子。一本書《直入雲霄》（*Into Thin Air*）專寫一九九六年發生的聖母峰山難，作者是強．克雷包爾（Jon Krabauer）。那次山難是廣爲人知的大消息，因爲一共犧牲了三位世界頂級的登山導遊。在登山前，這些導遊就已經發現台灣的登山隊訓練無素而又做事馬虎，還說與這種隊伍一起登山，一旦發生問題會連累到別的隊伍的可能性極大。讀者如欲知詳情，可讀該書第九十三頁。

可見做事馬虎，精神散漫，意外也會頻發。依衛生署的統計，國內因意外而喪生的人，二〇〇二年佔死亡原因的第五位，每十萬人口高達三四．〇人，比日本的十九．四人、美國的二九．〇人、德國的十六．九人、英國的十三．九人及新加坡的九．二人都高出許多。而且意外種類之多樣化，難以置信，男女老幼皆不例外。弄得我現在對將來的高鐵都有點怯步。想想連講究紀律的德國，也有子彈列車在艾須得（Eschede）發生過意外而引致多人喪生。我們引進四十多年來零事故紀錄的日本系統，極可能因管理上的馬虎而出狀況。我在電視上看過華航在每單位旅客發生事故的頻率，曾經高居世界第四位，而且多數事故皆爲人爲疏失。可見我說缺乏教養會威脅生命絕非空穴來風。

敬業精神在維護民主共和制度的成敗，也是一個決定性的因素，美國的開國大老傑弗遜總統認爲民主制度的永續要靠社會成員長期的守望與維護，否則民主制度會荒腔走板。問題是這種守望，還有賴於一批有素養的政治家與有民主素養的大眾。法國的革命家羅蘭夫人在十八世紀上斷頭台時嘆曰[17]：「自由，自由，多少罪惡藉汝之名以行！」（Oh liberty, what crimes are committed in your name）。這句話用來批判一撮監督一不周延，就踐踏人權與不守日內瓦公約虐待伊拉克戰俘的美國人，也很管用。我們都會同意羅蘭夫人的臨終雋言以及傑弗遜一針見血的名言。這在剛起步學民主的台灣該是很嚴肅的一個教訓。

自律與對別人的尊重是孿生的兄弟，學尊重別人要從自制開始。俗語說己所不欲勿施於人，前文已經說過人不能做社會的邊緣人，更不能離開社會而獨立，與人接觸及溝通，要能流露眞情。流露眞情的基礎在尊重別人，說穿了尊重別人這種人生態度，我認爲是極爲簡單的事。只要在對待別人時，時時把自己與對方的立場對調就好。

最好的例子是所謂醫師對病人的同理心。醫師想與病人建立所謂良好的醫病關係，只要提醒自己如果今天自己不是醫師而是病人，自己患的是病人的病，則我本身會期望醫生如何對待我、照顧我，那麼你就這樣對待病人，這樣周延的考慮立即會把病人的地位提升到與你同一水準，病人才會有眞正被照顧關心的感覺。我常認爲有同理心的醫師，如果只有三分鐘可診治一位病人，也會有三分鐘表達關懷的功夫，沒有這種功夫，即使有三十分鐘看一個病人也無濟於事，因爲眞情不在寶貴的時光裡交集。

自律與教養

教養既然是自身的修練，而目的是要成爲人類生活共同體有用的成員，因此成員遵守團隊運作的法則，是維持這共同體的水準與永續的基礎。否則社會雜亂無章，想講求文明化將是一個空談。所以守紀律之心，是進入社會的會員證，也是學習與觀看人生舞台劇的入場券。一個大多數人都不守紀律的社會，不會帶給社會安寧，使人民安居樂業。守紀律因而是教養的又一個重要標竿。

紀律之心

紀律之心有兩方面，一個是嚴守共同體的行爲規範的自戒之心，使社會的秩序得以保持，社會才會像是人類的社會，能提供社會的成員安居樂業的環境。第二是律己，就是事有所爲有所不爲，這須要具有抵得住誘惑的堅強意志的歷練。作爲一個有教養的人，要有不同流合污的堅持的自律。看著同儕起舞惡行，仍能站在旁邊不與之共舞而不覺孤寂。不能做到這一點，大家會成爲一丘之貉，貪婪會蔚爲風氣。

我們標榜民主，更不能沒有自律與守紀律的國民。享受民主的基石在法制，而法制必須靠大家守法尊重別人。沒有守法制的民主，民主就會成爲暴民的民主。這在法國革命時的亂局，尤其是巴黎的恐怖斷頭台時期，表現得淋漓盡致。法國著名的政治思想家托克維爾（Alexis de Tocqueville）曾指出，法律的制度決定在立法代表，所以有賴選民與民意代表的省思。民主政治是表現自我節制與自律最嚴峻的考驗之一。

可惜，國人容易動怒是司空見慣的事，國人自己也很少否認這一點。我旅居美國二十年，親眼見到在光天化日的街道上、大眾面前有人動粗的只有一次。那是一家公司的部分員工舉牌罷工，另有不加入罷工行列的職員，當後者想穿過示威線（英文叫**picket line**）上班，引起的兩方衝突。國內卻沒有彼邦那麼安詳與和平。歐美人士的爭議，常常憑道理論爭到對方服氣，爭到面紅耳赤的場合也難得一見，吊起嗓子或以肢體壓制對方的則幾乎沒有。國人則常在公共場所上演大聲辱罵、兩句不動聽就以拳頭相向的場面。

有一次發生在我陪遠從澳洲邀來訪台的著名學者，抵達高雄機場的時候。在排隊購票之際，忽然有夫妻檔旅客當眾叫罵，聲音響徹了回音極大的大廳，兩造對罵後來演變到推擠，弄得東主的我不知如何解釋。這些機場的小爭吵，我們的電視已索性不報，因爲電視與報紙有報不完的尋仇、群毆、借酒發飆，砍傷砍死親朋，或動輒以子女爲出氣對象，把子女從高樓丟下或丟入池中，或外籍新娘受非人待遇的故事等殘忍事情。我和內人習慣看的電視台是台灣各台、NHK及CNN和BBC，我在書房而內人在客廳一開電視，凡是傳出喧嘩鬧事或號啕大哭聲音的，一定是台灣的電視台。這些喧嘩聲來自國會殿堂的佔極大的比例，也算是我國特有的現象。這些都是國人沉不住氣，自律乏術，教養不足的結果。

彼岸大陸人士，也有不少是不知自律得使我啞口無言的。今年五月九日，我們一群通識教育學會前往昆明參加與雲南大學共同舉行的通識教育研討會，當晚由雲大的校長招待洗塵，我被邀坐在主桌。雲大校長以主人身分致詞歡迎時，以「各位先生、各位女士」開始他的歡迎詞。席間有大陸中央的領導階層人士笑曰：「現在的演說都應以各位女士、各位先生開始。」結果同座武漢來的一位白髮老學究，馬上頂回去說：「中國人應保持中國自己的東西，何必學別人。」兩個人不顧我們這批來賓在場忽然開始對罵，聲音震撼整個晚宴會場，那位老先生聲音大不打緊，還氣得四肢發抖，端起杯子則飲料四濺，他的獅子吼直到對方停止回嘴獲勝而止，場面尷尬得讓我們這些來賓不知如何是好。中國人的這種火氣不是因爲世風日下的今天才有，而是早已有傳統。不信的讀者可以小心檢視乾隆元年，即一七三六年由陳枚等五位畫家畫的清明上河圖就知道我的意思[18]。早在兩百年前的清朝，以清明節的開封爲背景，人口僅有八百五十人的畫中，居然有兩個打架的場面，吵架的發生率那麼高，的確非比尋常，何況還是在清明佳節呢。問題是市井風情的這幅畫不會說謊，清明上河圖絕對是以時代現實爲主題的作品，我認爲它正確地反映中國人缺乏自律的傳統習性。

長得不好看不要怪鏡子

這種風氣當然由來台的我們祖先帶過海峽。最好的例子是我們民代的傲人氣勢。民代是由民眾以選票送進立法機關的。民意代表一當選立即有了言論免責權的護身符，因爲人類有本性難改的缺點，所以後果很容易料得到。我國民代可以以「目中無人」一語形容殆盡。凡是被訊問的官員，皆被矮化到不是人的程度，有時回答兩句話的機會也沒有，只能呆立在講台挨罵。開會時，發言的民意代表發言，不發言的代表則常在所謂的民主殿堂裡漫遊找別人閒談，毫無開會的紀律，更常有超出想像的奇異秀上場。我常以爲如果把這些民代放在英國的議會那種一個挨一個端坐卻無桌面的環境，恐怕我們的民代諸公會氣都喘不過來，還奢談開會？一定馬上造反。選民們常怪立法院是國內社會的亂源，但如果選民們有思考的能力、自律、教養與眼光，怎麼會選這些人走入立法院？詩人艾青說：「長得不好看，不要怪鏡子。」把這事想通了，亂源還是在全體選民呢，選前中候選人的甜言蜜語或是賄選之計的是誰呢？還不是我們選民？

最可悲的是這種惡劣的政治風氣，吹入了學術界，尤其是標榜學術自由的大專院校校園。選賢與能的扭曲與遴選校長的醜事，在我們想教育成爲有教養而能提昇台灣社會的下一代面前盡情演出，等於是自打巴掌。作爲師長的我們應做什麼反省與自律呢？我們說學生的眼睛是雪亮的，他們時刻在觀察與品評我們，難道爲人師者在校園的學術暗鬥，有非演變到學生們的人格形成也可以不管的重要性？忍與恕是自律修練的自然產物，是教養與氣質的重大要素。如果爲人師者不具有這氣質，叫徒弟們如何傳承？所以新生代如果缺乏教養，責任絕對是在家庭、社會與校園的成人。那兩位在賓客前大聲爭吵的大陸教授、我們的民代以及校園的老師們，都是很值得省思的例子。我們不要長得不好看，動輒怪鏡子。

自律如果是上游，誠實則是下游，而誠實是誠信度的柱石。在個人的層次來說，如果沒有誠信度，在同儕中難贏得別人的信賴。個人的這種下場，在國家與社會的層次也一樣會發生。中國在SARS疫情期間未能坦誠公開眞相，外人只能由片段消息揣測而拼出故事的實情，就是最好的例子。眞相明確，世界村的村民面對疫情時，才容易準備對策，使大家受惠。而一旦信用破產，就算以後說眞話，別人都會投以半信半疑的眼光，後果極爲不利，我們也不得不警惕。舉辦洛杉磯奧運的彼得．烏伯羅斯（Peter Uberroth）說：「威權兩成靠賜與，八成靠贏得。」（Authority is twenty percent given, eighty percent taken）就是這個道理。

培養獨立與有判斷力的學生

從另一個角度評量，作爲一位教育者當然要照顧學生，但照顧與關心要有極限。該關心的是學生有沒有學好東西，因爲學校不是家庭，這兩種單位的功能不能混淆。我們常聽說「愛的教育」四個字，我很怕這四個字會帶領師生與家長走向錯誤的方向。我們該強調，愛的教育也不能忘記灌輸紀律的精神，關心學生成爲守法律己，早日能獨立生活的社會人，愛的教育才算成功，培養出來的學生才有智慧爲自己的生活行動負起責任。盲目地談照顧學生是溺愛，對提昇下一代社會於事無補。

在教育裡強調負責任的態度，是美國某名校的新鮮作風，我聽了也有點稱奇。友人有一兒子就讀該校之後，一直名列前茅，深受該校教授喜愛，但不知怎的，唸到二、三年級時，該生精神散漫，研習不聚精會神，成績因而滑落。校方決定勒令該生三年級時休學，規定他到校外找事做，等一年後由工作崗位上司寫一推薦函，證明他做事肯負責再讓他回校。不知台灣有無敢做這種新鮮處置的任何學校或教育家？如果有，我打賭他本人或學校，也會受家長本身或甚至受家長關說求救的民代的聲討壓力而鞠躬下台。

我擔任成大醫學院院長時，延攬趙可式博士到成大任教。她對護理系學生實習發藥程序的要求特嚴，惹得學生對她敬而遠之，趙教授氣餒之餘，向我訴苦，極想求去。但趙教授是一位熱愛生活、關心病人特別周延的良師，尤其是安寧病房不遺餘力的推手，最近還獲得了醫療貢獻獎。視她的指導爲畏途的學生，可知道趙教授爲她們灌頂的是把每件事情要做好的精神，是耐心與自律，也就是在爲病人的安全把關。這些堅持與教導的精神，將來就是不當護士，當家庭主婦培育子女也必定有用。讀者可知道台灣因發錯藥、打錯針而引起病人意外傷害的事例，一年有多少？因而坐牢的護士小姐不知是否會憶起趙老師這種求學時執意要求紀律精神的用意何在？前幾天在電視看到一個題爲「如何活著離開醫院」的節目，內容也涉及病人安全問題，我不禁想起了趙老師的愛的教育。

在英國，據稱十八歲就應離開親人而自立，如果有已二十歲的青年還由親人陪同找房子，房東會嫌棄租屋的青年不夠成熟而拒絕出租。自立或個人的獨立表示自己有能力自律，行動能經過考慮，不依賴別人，有成熟與教養的深遠意味。

我們的社會卻有不重視幫助子女獨立的傳統，動輒把已十八、二十歲左右、有投票權能左右政局的年輕人稱爲「純潔的孩子」，故意幼小化他（她）們。看看大專聯考時陪考、並爲子女搧風的父母，不要說與上述英國的例子相比，與我本人由新竹單刀北上赴會投考台大醫學系的過去相對照，都不得不嗟嘆今天的父母想造就的是哪一種子女。難怪經二十年旅居美國，教導華府喬治華盛頓醫學生慣了，看到台灣的醫學系學生，眞像一群小孩子！

德國工人的紀律

我另外領教過德國工人的紀律，他們眼光之犀利、敬業之精神，專業之訓練在在令我敬佩。一九八〇年中期，我前往德國東南部柯堡（Coburg）爲成大醫學中心建築物選擇所使用的磁磚。成大一共購買了四百三十一萬九千多片，包括二丁掛、角磚等乳黃色及灰色的磁磚，接洽的是有一百年歷史的昂納工廠

（Annawerk）。我參觀了整個製造過程，包括從共產國家捷克運來的原料，予以打碎而混爲黏土，再由機器擠出成型，把未加熱成陶的磚塊疊放在車上，等乾燥適度後，送進約三十公尺長的窯中在軌道上緩慢移動，窯壁開有觀察用的玻璃窗。待窯中加熱工作結束，燒好的磁磚冷卻後，四百多萬片磁磚一片片放在運輸帶上緩緩移動，經過四位德國小姐的肉眼檢視合格後，才能裝箱待發。我站在旁邊觀察，只見四位小姐一片片磁磚往身後丟，這些都是被她們認爲不合格的瑕疵品。我撿起磁磚，在手中翻來覆去檢視一番，著實看不出哪裡有瑕疵，但在她們眼裡這些產品只能當作二級品包箱上市。換言之，成大醫學中心偌大的建築物外牆的磁磚，片片都是經過四位德國小姐肉眼檢視控制過品質的產物。我在成大建設時期曾經拆開過一箱台灣自製的磁磚，這些磁磚是準備用來貼在屋內牆面的，它們就有肉眼可以看出的各種缺點，包括不平整的毛病。

我希望國人有一天成爲白天可能是藍領工作者，晚上則是上音樂廳欣賞音樂的文化人，讓整個台灣逐步成爲文化社會，但據我現在的觀察，這種美夢休想會眞的實現。台灣工人根本沒有謙虛就教的美德，外行人別想對他們的工作置喙。我在昂納工廠看到為成大燒好的磁磚，並且已經貼在一公尺平方左右的樣本上，他們要我如果滿意就在磁磚上簽個名表示接受。這塊樣本磚牆亮麗得使我入神，還爲自己選對了顏色慶幸。我請問該廠的負責人貼磁磚正確的方法，並把他口述給我的步驟一一記在筆記本上，心滿意足地回到台南準備向我們的工人傳授秘訣。我回來立即召集所有工人，講授在柯堡所學的一整套功夫，奈何工人們認爲我「外行人講內行話」，他們有的是多年的經驗得來的技巧，毫無虛心學習，也抑不住不耐煩的神情。結果呢？當成大的德國磁磚貼完後，它與柯堡的樣品迥然不同，凸凹不平的牆面在夕陽斜照時特別明顯，可說是慘不忍睹。當該廠的代表事後來拍照留念時講了一句：「這是我們的磁磚嗎？」我聽了他的話簡直是無地自容。

美感、藝術與教養

美感是教養不可分割的一部分，它象徵精神生活的昇華與富裕，是一種價值觀與觀察力的結晶。它代表一種精神，是很難量化的一種感受力。如果觀察力不足，感受力與審美感不敏銳，對周遭的美不美將無動於衷，美的東西從眼前掠過，也不會有何共鳴。審美的能力就算不足以成爲立國的基石，它也會有使這基石永續鞏固的黏著作用。借漢寶德先生的話[19]，所謂美，是給人一種舒適與快感的享受，對象不一定是一個工藝品。因爲它與一個人的品味與判斷有密切的關係，與整個生活風格也就切不開。審美能力當然在教養的範疇裡，而且像教養一樣是可以靠訓練提昇的。可惜我們所謂的「全人教育」，並沒有注意到給小孩子足夠的審美訓練。

試問一下親朋，國人一有積蓄，即趨之若鶩往歐洲，譬如說跑奧國，到底嚮往的是奧國的什麼，是去觀賞他們美麗的環境，悠久的傳統，或是似玉的都市？相反地，奧國人有了積蓄，會不會想到台灣旅遊？我們可以讓他們觀賞的，除了故宮博物院的歷史文物或工藝品，墾丁、日月潭與太魯閣之外，我們會帶他們去看新竹科學園區，參觀電子工業嗎？我們除了強調有洛桑爲我們評定的頗高的競爭力，賺點辛苦的勞力錢以外，還有什麼值得展示給奧國人，值得他們窺視我們的精神生活的？我之所以以奧國爲例，是我仰慕他們環境典雅優美與人民追逐美感的氣質。

讓美滲透到生活裡

其實何必捨近求遠，把眼光投向鄰國的日本就夠我思維的了。漢寶德在他的《漢寶德談美》裡對東瀛人的審美能力遠超過我們國人，著墨甚多，這本書應是喜愛審美，喜愛充實本身教養的人的必讀之書。有一次我由台灣經成田機場飛往美國，一位剛完成多年來旅遊日本的宿願，而踏上歸路的瑞典女士與我同機。我問她對日本的整體印象，她說：「乾淨又精緻。」我們鄰國的日本人，有讓美滲入生活各層面的天資，所以他們創出了獨特的風格，連由中國傳過去的佛寺建築，都帶起了比我們還高的品味，茶道之成爲藝術與插花之成爲道流更不用說了。談到日本的茶道，它是飲茶的規矩經過自律的浸漬，配合品嘗茗茶的方法昇華凝聚而成的舉世無雙的藝術結晶。它不但有值得表演給訪客觀賞的美，而且有高度律己的寧謐滲溢到周遭。更難得的是他們能辨識美的存在而加以保護的功夫，參觀位在金澤由昔日的大名（幕府時代的官名）前田所建的名兼六園的公園的人，大概會難忘日人的這長處。他們有審美的傳統，這傳統又由家庭教育，與學校的全人教育來精化與推廣，教養部這種課程之可以存在的意義也盡在不言中。

我們與日本人的審美觀之不同，曾經很生動地由我本人的雕刻家朋友陳正雄先生所口述。陳先生有一次旅遊日本，在一美術工具店購得乙支精美無比又使用方便的雕刻刀。帶回台灣後，他把刀交給台灣製造類似工具的師傅，請他照那把日製雕刻刀複製幾把。等刀做好，前去取貨卻發現師傅做的這幾把，一點都沒有日本樣品的美感。陳先生向師傅表示不滿，卻引來了師傅一頓訓話：「刀是雕刻用的，不是用來比美的。」這話隱藏著兩個民族的審美敏銳度。製造精美典雅的產品不是國人的特長，這事實恐怕我們自己也俯首承認，因爲我們缺乏審美的能力，所以製造美觀的東西不是我們的樂趣。其實美是無所不在的，它只是等我們發揮審美力與眼光去欣賞而已。

一九六三年我初抵北美所接受的第一個文化衝擊，是彼邦中小學的教育，很強調學生對周圍環境的注意力與認識，故中學生與較高年級的小學生，往往對花園的草木、狗的種類、魚鳥的名稱頗爲熟悉。對周遭環境的注意具有兩個重要的意義，第一，他們培養對環境有觀察力的國民，因而有助於人民愛惜環境、美化環境。上面講過，人是不會珍惜不關心的事物的，所以認識環境、愛惜環境、美化環境是一氣呵成的，沒有前者則無後者。第二，熟悉環境，對領悟人在自然界的定位會有幫助。如果像上面講過，能知道自然環境裡有將近兩百萬種包括動、植物在內的生命，在我們周圍直接間接地支持人類的存在，這會使我們了解人是生物多樣性裡的成員之一而已，這對建立環境的美感、生命價值觀，甚至於廣闊的宇宙觀有很大的助益。這種視野與教養有直接而密切的關係。換一個角度來說明，彼邦教育的特徵是與生活密切地接軌的，所以審美的教育也很容易直接滲透到生活裡。

認識審美教育的重要性

我們的教育在升學壓力之下，一般被認為對升學無益的學科，例如審美皆被排擠到課程的邊緣地區。於是在學生的眼光裡，這些課程紛紛淪落為點綴性而可有可無的營養學分，開課的老師能使學生心服而重視這類課程的則又少之又少。

少的原因多半是因爲開課的老師對該門課程沒有深入的理解，不知如何指導學生使美感在生活裡生根的緣故。我把現況淪落到目前這個地步的責任也放在成人身上，一如羅索斯夫基的看法，認爲學生重不重視所修的課程，端看開課老師如何說服學生。老師或校方對這門課的重要性沒信心，就很難說服學生重視它。

我們把缺乏審美觀修練的中、小學生的諸考試選手，收進林立全國的大專院校，施以通識教育，希望就此能培養出成功有廣闊視野而有教養的下一代，是天方夜譚。依據個人參加台灣七大重點大學的通識教育評鑑時的發現，把通識教育認眞的當做一回事唸好它的學生可說是少之又少，大多學生仍以營養學分看待它，而且通識教育的主軸也不在養成學生思考剖析與眼光的。這樣下去我們不能冀求通識教育會改造現在的社會，因爲教育早已與生活脫節，我們所教的，混不進生活本身。這是我一直認爲大專的通識教育（或一般教育），是在爲台灣家庭、小學與中學忽略的全人教育的缺點亡羊補牢做一點收尾，而在外國則是錦上添花，兩者的意義有迴然相異的地方。

不是所有美的東西，都是藝術品，而不是所謂的藝術品都稱得上美。美往往表現在精神生活的層面，是眼光而不是貨品。但對藝術品的愛好與評價，卻著實往往會顯出一個人的修練與眼光。曾經有歐洲人問我：爲什麼台灣有那麼多人來歐洲以一級品的價錢，蒐購二級藝術品捧回台灣？這顯然也涉及個人審美觀的問題。事實上以人口兩百多萬的台北來說，現時並沒有一家像樣的私立美術館也是我引以爲憾的一件事。一九七〇年代在公園路省立博物館附近有一所國泰公司所經營的美術館，我還感覺到這是否是新風氣的起頭作用，可惜不久之後，它就消聲匿跡而從此後繼無人。這與我在東京的保險公司重金購得梵谷的向日葵畫，驕傲地在公司大廳營造周圍的氛圍與佈局來陪襯而陳設示眾，是兩極化不同的感覺。台灣並非沒有入列富比士（*Forbues*）雜誌富人名單的有錢人，卻沒有人願意興資投入提昇社會人士欣賞藝術的社會工作，是頗爲洩氣的事。因爲全人教育或常赴藝術館，沉溺在藝術氣氛，對提昇一個人的審美眼光，一定有加分的結果。

實用主義造的孽

一般人認爲日本的自然風景悅目，環境優美，而羨慕其自然條件的得天獨厚。抱有這種觀念的人應該不要忘了艾青的話（第五十五頁），日本的自然條件，並不比我們優厚。台灣島與日本島的地質構成，據我所知，並沒有兩樣，是太平洋西緣的火山列島，是由大陸與太平洋板塊相撞起皺的。其實，十六世紀葡萄牙人的船員，沿台灣西岸經過的時候，不也爲台灣的美麗所吸引而大叫Ilha Formosa（美麗島！）該船的荷蘭航海官林斯哈亭（Linshotten）的航圖中不就以此名把台灣記在上面[20]？爲什麼我們的河山在這四世紀以來，變成現在這髒亂、土石流頻發、違章建築林立的面貌？顯然錯在居住的人。一棟房子的情況不也是如此？房子這種環境最小的居住單位，也全看誰住在裡面裝潢，誰在經營。國人不重視精神面的卓越與昇華，而只強調升學與就業的成功，以至於社會結構的基質不健康。我們的史學界、社會學界不知是否有人以這問題的根源作爲研究課題？我以一個外行人的身分班門弄斧，大膽地推論我們不把教養放在眼裡的原因，似乎是受了清末以來因多年受外人欺侮，太強調以中學爲體，西學爲用的結果。尤其是近年的生活全盤西化，教育走到了極端的學以致用原則。換言之，容易看得出有經濟價值、對就業有用、對加強競爭力有用的知識，才能被眾人認爲有用。躲在後面的精神教育很容易遭受被打入冷宮的命運。

什麼是無用的知識？智慧不算重要嗎？如果智慧對生活不重要，而認爲能賺錢營利的知識才有用，教養當然就被忽略了。我們是否中了學以致用的口號的毒呢？這是應予正視的嚴肅問題。

閱讀與教養

閱讀是智慧之源

林語堂肯定地說，閱讀是文明人所共認的一種樂趣。但閱讀的重要性超越樂趣或嗜好，它在塑造人品的過程中，扮演決定性的角色。愛因斯坦說人的聯想力比知識重要，這句話使我頗爲入迷。但如果我有幸在他有生之年有和他對話或寫信的機會，我要提醒他，如果知識不多，聯想的空間會受到限制，視野就不會開展。有了足夠的知識，卻不知如何聯想，把各種思維作橫向水平的聯結，新的領悟當然無法產生。把所學的課程視爲各自獨立互不相干，生活、知識與工作就無法變成渾然一體，生活的內容會變得極爲貧瘠而變成一灘死水。孔子曰：學而不思則罔，思而不學則殆。這句話似乎是隔著二十幾世紀的孔子與愛因斯坦互相對話的絕響。我認為訓練聯想力的有效方法是異中求同、同中求異[21]，治學的過程實際上是這個作業的代名詞。孔子的話，指的恐怕也是這個理念。

閱讀時讀者常會被引導到思維與研判的疆域裡去，換言之，思考是閱讀必然的產物，而道理的領悟是最後的果碩，所以閱讀的好處在可以超過了解作者陳述的一些事實經過所獲的知識。愛因斯坦上述提醒我們的話指的是這個道理，有了這種功夫到手，閱讀將會是智慧的來源，不僅是知識的來源。教養不能缺少閱讀的嗜好，閱讀才能使讀者超過時空，走到任何時點停腳，走到任何地方旅遊。整個世界會開展在自己心靈裡的世界，會帶來知命與自己在宇宙定位的滿足感。是哪一位德國的哲學家說的，「整個世界是喜愛知識的人的流浪之地；覺得祖國才是甜美之地的人，只是初生之犢，當世界成了隨你瀏覽與流浪之域，你就是完人。」閱讀會加速一個人認識人間，延長視野的水平線，豐沛你心靈的糧倉。

閱讀與教養都從家庭開始

我堅信讀書習慣能否在一生中建立，攸關一個人是否能成爲有教養的人。所以我完全支持曾志朗院士夫婦不厭辛勞推行的讀書運動，而且這運動的起步絕不嫌太早，市面上爲學齡前兒童準備早點起步（head start）唸書，以發展閱讀習慣的書不少，這些書都可讓父母幫助小孩發展閱讀的習性。前文提過赫希說一個人的閱讀習慣，小學四年級左右即已形成，但我們不該因此洩氣。誠然他的分析我們不能忽略，但晚點起步並無大礙，反正如果深信大器晚成這句話，任何事情的起步都不會太晚。根據聯合國教科文組織的統計，各國單位人口一年出版的數目字，美國居冠，而日本次之。但從品質、紙張、裝訂，與爲消費者方便而設想的方面評估，我個人認爲日本書籍在質方面遠超過美國的書，這當然有助於日本人推動整個國民的唸書習慣。儘管日本東京大學的若林教授說，現在日本電車裡，乘客閱讀的書一半已由漫畫取代，讀者萬勿以爲漫畫都是會使人墮落的書籍，我手上有成大行為醫學研究所柯教授送給我的弗洛伊德的心理學研究經過，以及我在日本購得的孔子傳漫畫本。對欲以消遣方式掌握兩人生平與他們研究的靈感來源的人來說，它們應被列為好書之列。

閱讀的樂趣與疫情一樣，是會傳染的一種習慣。這要從成人做起，我常不解台灣的很多父母，一家人屁股像塗上了一層黏著劑，整晚黏在電視前的沙發，注視藍綠兩陣營的口水戰，或看喬丹只亮相三分鐘不過癮而群起憤慨，卻不懂關掉電視個把鐘頭，一家人人手一冊地圍坐在茶几周圍，各唸各的書並喝茶作樂的重要意義。成人觀看電視，卻要子女上樓作功課，引起子女的被強迫感而導致不悅，是子女會厭惡「唸書」的一個原因。在這種情形下作功課，子女的精神不會集中，反而會加深代溝。我一直以為把閱讀的樂趣傳給子女是我最引為榮的事，我三個子女都深懂以閱讀享樂，並且她們已經反哺我，經常遠從紐約寄書與報章雜誌的剪貼讓我們閱讀。

把閱讀變成生活的樂趣之一

要成爲能悠遊世界而有教養的完人，須涉獵的事幾無邊際，這對初入閱讀世界的人可能是遙不可期的事。但閱讀的習慣一建立，每一個人會有一個閱讀的路線，有喜歡唸與不喜歡唸的書的分際，甚至於難免會以特定幾位作者的著作爲最愛。但我們不必爲自己的偏好太擔心，因爲唸愛好的書多了，興趣一定會從主要的路線展開出去，必會與另一領域交叉。我們所求的是經歷別人的經歷，走到別人的心靈世界，從中學習別人如何攫獲生命意義的方法，或增加知識。這些書唸多了，事理一定有重疊出現的機會，所以不要以爲天下所有的書都得唸。我心裡很欽仰的芝加哥大學教授曾經於一九六三年就向我建議，作爲科學家非得精讀科學期刊不可，但野心不必太大，市面上有太多唸不完的期刊，就從中選擇三本精讀裡面的每篇文章即可，這樣就能跟上時代。但這是職業性期刊，他的話今天是否站得住腳也大有問題，可是野心不要太大的道理，與書唸多了知識收穫自然會在另一本書重現的眞理，還是屹立不搖的。

一個人一旦有了閱讀的習慣，他就能體會宋朝蘇東坡的好友黃山谷所說的話：三日不讀書，便覺語言無味，面目可憎。我在美國時期就曾遇到過一位姓伯沙柯（Bosaco）的希臘後裔醫師。他在與我喝咖啡聊天之際，向我透露一句心底的話：「崑巖，我每天入睡前不唸兩篇論文或幾頁小說，會有一陣揮之不去的罪惡感。」其實他也是一位很能洞悉病人感觸的醫師，相信他的這份同理心功夫與閱讀累積下來的心得有關。我們不必效法十五世紀荷蘭神學家兼人文主義者伊拉斯默斯（Desiderius Erasmus），陶醉於閱讀到發憤忘食的地步——他曾說如果有一點錢，他就買書，如有剩下來的錢，他才買麵包或衣服——但閱讀必須變成生活的一環是不容置疑的。我重申我對閱讀的看法：野心不要太大，只要能吸取別人的經驗，擴大自己的視野，美化自己的人生即可。

研讀出知識與做人的道理

可惜我們國內社會成人的閱讀風氣不盛，所以讀書的風氣吹不到年輕的一代。依天下雜誌的調查，國人平均一年為書籍所花的錢，還不到一千元。成人的春風化雨不常有，又有盲目地主張本土化而摒棄學習外語的一派人。這等於是自己放棄提昇社會，增加與國際接軌機會的做法，使我頗為不解。本土化應該是很有技巧而適可而止的觀念，尤其不要與國際化的需要相牴觸。國際觀是走向完人的路徑，應該是現代人教養的一個要件。

我說過國人在客廳擺設書架的並不多，就算有書架，擺在上面的書也多半以電腦工具書或政治人物的自我禮讚居多。我們該唸何種書呢？

林語堂認為書有三種，但我不能同意，書有四種不只三種。一種書叫專業書。國人聲嘶力竭主張提昇經濟競爭力，是秉承學以致用封建轉化過來的功利主義（utilitarianism）的精神，結果是看似與競爭力無直接關係與對職業沒有明顯用處的教養，審美、人性都成了盲點。大專學生一天到晚捧著不放而死啃的一定是專業書，並且大多數大專學生唸的是本國文的專業書。在醫學系來說，情形更慘。他們死唸的主要資料另有一種叫共同筆記或簡稱共筆的，這是託由專人聽講寫下來的筆記。一般來說，把這由一個人代表全班記下的筆記唸好，就可過關斬將，因為絕大多數的教授不會從參考書出題。唸完這種套餐式的醫學系課程，順利畢業成為大夫的學生並不少，但是缺乏漫長的自我省思與努力的他們將無法成為良醫，不做自我省思，使他們只能成為同理心稀薄的醫匠過一輩子。

第二種叫娛樂書。娛樂書的範圍極廣，從專門拿八卦新聞做文章的雜誌到偵探、科幻、文學作品。屬於後者系列的書籍，尚有可學習的人生哲學，而且其中不乏有啓發性與創意而有助於建立教養的書，所以不能完全否定娛樂書的價值，只是這些書可唸可不唸、不唸也不致於有多大損失的並不少。

第三種書是教養書。唸這種書會導致精神面的滋潤與昇華，賦予超越知識的精神食糧，是教養的源泉。它增強讀者的智慧，使生活更富於深度。據我的觀察，不少書是橫跨於第二、第三兩種的。它們亦屬於可看可不看的書之列，但教養書之異於娛樂書的是，不唸這類書，個人與社會不會有教養的成長。

第四種書稱爲工具書，是我與林語堂認知不同的地方。它包括所謂的字典與辭典，更包括大英百科辭典等類似電腦網路的知識寶庫。我們都不該啃字典，但大英等百科辭典是値得啃的，啃它會啃出知識與做人的道理。如果不信，不妨試試。

閱讀國際化，才能深化教養

唸書應有創意才能事半功倍。唸書雖要求精，但不能太慢，事實上，書唸得越快越好，但要緊的是要避免狼吞虎嚥，應該細嚼字裡行間暗示的文意。在美國，有的大專還有一種叫 reading skill 傳授閱讀技巧的課。讀者或可能覺得意外，何必以母語唸書還得講究技巧，才能唸得又快又能把握書中所有的重心。很遺憾台灣的學校並沒有這種課程，這表示國內教育對學生唸書快慢不予重視。其實唸書快慢，攸關個人智庫的擴大速度。流亡倫敦的德國漢堡猶太人金融大亨日格蒙·瓦布（Siegmund Warburg）自稱每個禮拜看五、六本書[22]，他後來對英國經濟貢獻卓越而受女王封爵並非偶然。他甚且添加他個人的原則：身為金融家卻從來不念與金融有關的書。這是值得我們推敲與省思的建言。

依我個人的經驗來說，我在美國書店認為值得唸的書，十本裡台灣才有兩本中譯本，而且譯為中文的書籍，大多文字艱澀難懂，語法不中不西。所以對我來說，唸翻譯的中文書速度永遠快不來，因為中文不像中文。最近我唸了一本法蘭西斯·福柯雅馬（Francis Fukuyama）寫的《後人類的未來》（*Our Posthuman Future*）的日譯本，發現與中譯本的毛病如出一轍。唸到一半，因不堪文字的難解與彆扭而唸不下去，我打了電話給在紐約的女兒寄來一本英文原書，問題立即迎刃而解[23]。這不是閉著眼說瞎話，我認為我的中、英、日文的程度，三者都不相上下的。

我替專讀中文，而不唸英文或日文的年輕人擔心，這種擔憂不是沒有理由。據教育部的資訊，我國青年在托福的表現，平均已經滑落到東南亞的倒數第四名。我知道國內能操流利英文的年輕人不乏其人，而且越來越多，我認識的人中就有不少這種青年。但這些人究竟是例外，平均的滑落才值得憂心，它會影響到社會的進步；國際化的腳步，因爲平均的數值包括大多數人，不只是一撮人。我可以大膽的說，每多精通一樣外文，可以唸的書會增加一倍，更不必提可以方便閱讀不同文化的書，會使教養具有世界觀的色彩。

其實，語言就是文化的一種。當我們談到不同國家的文化，我們會傾向於談別人的文字、音樂、繪畫的藝術面，卻把藏在語言裡的自然流露的文化價值完全忽略。這也使我們失去透過語言去了解別人的文字、音樂、繪畫等藝術所包涵的文化表現的寶貴機會。我們不得不警惕，托福的成績表現，落在我們後面的經濟大國，只剩下了日本而已。

閱讀的妙處在能涉獵到專業書外的書籍。例如說，我不能了解爲什麼國內醫學系的課程，並沒有積極鼓勵或要求學生閱讀病人寫的手記，或病床日記之類的東西。要知道多數專業書是同道先驅根據行醫多年的經驗，把百病從醫師的角度或根據從病人詢問出來的記錄去分析而傳授給後進的。但唸這些專業書，如不輔以閱讀病人親身所經歷與疾病纏鬥的經驗的書籍，醫師爲病人治病時，對病人身心因病所受的煎熬，哪能有眞正的同理心？我打賭不少時候，大夫一定有同情有餘，而同理不足的無力感。沒有這類探討，醫師只會成爲只管治病而不治病人的醫匠。許多醫師在自己有疾病纏身，親自經歷了絕症的時候，才恍然病人的心境，而執筆寫書告誡同行，但這些書不一定被同道所青睞。我認爲當一個大夫何必等到有病才醒悟？世上的書汗牛充棟，有數不完的教養書或小說之類的書，故事裡免不了有深刻的生老病死的記載，瞭解人生的春夏與秋冬，不是早就應該成爲專業必修的課程之一，以便早一點領悟偶到人間一遊的眞正意義？醫學院從不眷顧這種必要，頗使我百惑不解。

舉止談吐與教養

舉止談吐是靈魂的顯現

溝通方法裡有所謂身體語言，它是不靠舌劍的言語。我們習慣以言行兩面來評估一個人的氣質，顯示舉止談吐是談教養時不能忽視的要素，因爲它是自然吐放出來的情緒的表達，但又兼受習慣以及自律的控制，舉止談吐也因此是一個人有無教養的尺度。在西方的中世紀社會，基督教義支配人生觀與社會制度的各層面。軀體與靈魂關係的密切度特別受到強調，而身體的動作也就被認爲是語言的一種，它也被認爲是隱藏在身體內部的靈魂對外的表現，換一句話說，舉止被認爲是靈魂的顯現。依這道理，靈魂如果經過淨化與精化，舉止也會穩重與優雅起來。看起來詮釋方式雖然有異，但結果是一樣的：有教養，粗魯的動作就少。

英國的阿奎因（Alcuen）在第八世紀，曾留下有教養的人的行爲規範。他強調頭要擺正，口要閉，眼神不要傲慢，不眉飛色舞，走路不低頭看地，步伐要穩重。我仔細研究這些準則，覺得把他們搬到現代的社會並不一定管用。但從這些話，可以察覺一般人對有教養的人的身體語言的傳統冀望。他的舉止會反映理性與內省交集後沉積的產品，應有高度的節制與穩重。這動作的重心在應對進退是否有方，而不應有所謂輕舉妄動的跡象。

己所不欲勿施於人

其實依我個人的觀察，教養的行爲與表現，簡單的說是立場的對調，說穿了，是自己不想見到的動作不要在別人面前做，它會使人生厭。譬如我最近還在《紐約時報》看到讀者投書，說中國人在街道上隨地吐痰，惹人生厭，所以那小鎮不歡迎中國人大量移民。中國人這種幾世紀以來被外人認為不文明的惡習，今天還在大膽的演出，頗為令人不解。鄧小平接見外賓的官方照片，仍然有一痰盂在中央，常成國外書報的話題。到歐洲旅行一遇大聲喧嘩、招搖過街的旅行隊伍，回頭一看十之八九是國人的團隊，這些人購買紀念品像在搶購。加上中國大陸以指南小冊子提醒出國人員在別人面前不該有的舉止言行，在在都表示我們缺乏教養的表現。國內已經花了九牛二虎之力，才規範國人買郵票、買機票、買車票做什麼都得排隊的地步，但一到較遠的南部則亂相叢生，表示這類社會教育還沒有落實到全面的普及。

穿著得體，教養不貴

上述身體語言是動態的，但也有靜態的身體語言，這種語言表達在穿著最多，裝飾品次之。在東西兩方，什麼場合應穿什麼衣服，是做一個社會人應該具備的入門知識，這要靠敏銳的觀察力，在講求全球化的今天，這不是一場兒戲。穿著禮儀（Dress code）是一門重要的課程，它和女友約會時紅白兩酒如何選擇一樣，也是社交教養的一個尺度。我這次到大陸，很少看到大陸的男人身著袖口上Pierr Cardin或Burbury等商標未剪掉的西裝，算是一個大進步，以前這似乎是炫耀身穿名牌西裝的一種無言的宣示呢！但可能很多是假貨也不一定。多年前我被邀在台南市文化中心，擔任世界模特兒小姐選拔決賽評審委員，除我及友人陳輝東先生以外皆是老外，而參賽者皆是外國模特兒佳麗。賽畢之後頒獎的節目一開始，台南市政府的各主管魚貫而出，有的穿高爾夫球衣，腳穿運動鞋，而台下的外國評審穿的卻都是禮服帶花結。如果有點教養知道禮貌，應該知道起碼得穿一件西裝才對，因為那賽事明明不是烤肉聚餐之類的聯歡晚會。

我有為我國進入世界衛生組織赴華府，結交歐洲朋友爭取他們支援的經驗。我們選了一所華府有名的法國餐館，請數國代表共進晚餐。但赴會時間迫在眉睫，獨不見同行的台灣大夫換裝，他似乎打算穿乙件套頭的橄欖色球衣赴會。我敦促他立即換一套西裝，這才叫醒了他對穿著禮儀的認知。幸虧我提醒，因為當晚到的賓客皆結領帶著上裝，如果那位大夫以運動服作東接待賓客，我們代表團的使命一定大打折扣。

漢寶德一再地提醒，審美能力是可以用教育改善或培育的。最好的例子是顏色的配合。顏色調配的合適切不可馬虎，因為它代表一個人的教養與品味。一九八二年初次回國主持成大的建設，碰到不少不敢領教其穿著甚至於顏色出奇到慘不忍睹的男男女女。再貴的服裝如配得沒有品味，等於糟蹋服飾的價值不說，還會招來美感不佳與教養不足之評。顏色有互補顏色（complementary colors），以及另外一個極端的對比顏色（crashing colors）之分，這可以納入學校生活教育的範疇，使穿著表現得使人悅目愉快。穿著表現有教養有氣質，友誼已贏得了一半。漢寶德說美感是文明的基石，對美感的品味很容易表達在穿著。我完全同意。美感可以改變一個人的氣質，所以學校對訓練學生的審美觀絕不能怠慢。

但我不能完全同意漢先生的說法。有了教養與氣質，不一定要有錢買一條與一套西裝同價的領帶，只要質料不差，顏色配得很得體而有要領，一樣可以表現品味。還是同樣那句話，有教養的人不見得都有錢，而有錢的人也不見得都有教養。重要的是花錢花得少，讓別人以爲你穿著高貴的秘訣，才是教養的所在。英文是how to look expensive。

倫理與教養

倫理是教養的大成，這是我把它留在後面再談的原因。其實倫理是什麼？是否會思考，有自律，有尊嚴，有天分，有教育，會欣賞周圍的美而舉止優雅，不做作，就算是一個能守倫理原則而有教養的人呢？不見得。因爲教養的成分很多，無法一一陳述，上面所談的只是重要的幾個要素而已。

有所不爲的堅持

倫理也是不容易捉摸的概念，但它是維持一個族群或國家的基石。韋伯斯特的第七版學生（Collegiate）字典裡，倫理（Ethics）這個字有一項簡潔的註解曰：個人或族群的行爲準繩。不少人常把倫理與道德當做同義字來使用，但事實上這兩者從另一個角度檢視，有相當顯著的差異。世界上有倫理但沒有道德的人群，黑道幫派分子是典型的例子。他們知道所作所爲幾乎都是不道德的，但他們的行爲卻合乎他們黑道的倫理，這倫理的特色是軍令如山。道德是人有異於禽獸的行爲準則，所以它跨越國界，正有如文明帶我們離開蠻荒一樣地，離開了那不合乎互相依賴，不求族群融合的弱肉強食的世界與適者生存的野獸生活。但倫理卻用來指特定的族群，受特定文化影響的比較少數人的行爲規範。我們說家庭倫理，但很少說家庭道德的原因在此。誠然，倫理與道德有很大的灰色地帶，不然我們也不會有時候聽到有人說醫德，有時候聽到有人說醫學倫理，把倫理與道德兩語通用的例子。

俗語說君子有所爲有所不爲。人要能修身修到有些不該做的事情別人都在做，自己卻硬是不做才算到了家[24]。所以談到倫理不該總談什麼事該做，該談的是不對的事絕不做的判斷與執著。美國的幽默作家馬克吐溫常常語出驚人，他講的話常令人啞口無言而且發人省思。據說華盛頓將軍是一位誠實不渝，根本不知如何撒謊的人，對華盛頓將軍的這種評價，事實上很多人都同意。馬克吐溫卻說：我知道我會撒謊，但我就是不肯，所以我的道德勇氣比華盛頓將軍還要高出許多。這是我聽說過幽默君子知有所不爲的最得體的一則。

但要做到這一個境界，所要具備的基本條件就是正確的判斷與強烈的自律之心。人不但要知有所爲有所不爲，也該知有所忍耐而知有所寬恕。這就是倫理與教養之間剪不斷的一條線。忍與恕所表現的並不是軟弱膽小。具有倫理的強韌作基質而成就人格的人是強者，他所選擇的是眞善，而他也知道要堅持，而它不是通常人所提的「善」而已。所以外表看起來是一片心平氣和，脊背卻有一正義的鋼條作支柱，萬般泰然以對而已。但這種人到了關鍵時刻，所表現的是態度溫和立場卻異常堅定。黑道倫理，是他們那一票人堅持遵守上司命令的特殊文化，說穿了很難算得上我們通常所說的倫理，他們揭櫫的基本原則並不合乎道德的正義。

倫理觀念在國內常有視而不見，前後不一致的毛病，表示倫理的沉淪。光是說忍耐與寬恕、忠厚或待人之道吧，注重禮貌的精神就常不見於該是最講理性的國會殿堂與立法院，其實眼光雪亮的人檢視委員諸公的舉止言行，很難相信有多少民代骨子裡是有教養的，因爲據本人的看法，不靠言論免責權，諸公仍有用雅言使被質詢人無法招架的寬廣空間，何必像武漢的教授拍案叫罵，圖霸王硬上弓？國內民意代表躲在言論免責權的保護傘下，散播謠言或公開污辱對方；官員被質詢，不給尊嚴；或做一些污蔑對方的行爲後，再詭辯對方蔑視自己不重視國會等的事。民意代表要特別表現克制自己情緒的功夫，要知道對方明天可能搖身一變也成爲民意代表也不一定。這都不必說，單講民意代表給全民所做的榜樣既庸俗又落伍，這影響實在太大了。每當看到各先進國家國會辯論議題時的秩序，你來我往同以理性論政爭辯，而不致使用肢體，我就想起中國人習慣以聽其言觀其行來表示「等著看」，以求延後論斷，根本就是自己言行不一而濫用職權，忍與恕在國會蕩然無存的緣故。諸公要領悟，言論免責權的濫用等於是職權的濫用，壓根兒是不倫理、無教養的表現。

官大未必有教養

倫理講究言行一致，是不渝的道理，在任何情況都不容曲解或打折扣。而且個人有倫理原則，政府也要有行爲原則，校園也要有倫理。這種教養的精神在國內往往沒有經大家舉一反三，不知應用於行動的實例。二〇〇一年六月十日陳水扁總統在台北大學的畢業典禮演講中，公開宣稱夫人吳淑珍女士當年的畢業論文是由他捉刀的，結果當場的反應只是一陣對這墜入情網的年輕兩小的「美談」的笑聲與鼓掌，而不是一陣錯愕。社會人士在媒體沒有特別的投書反應，媒體本身更沒對這違反學術倫理的行爲有任何的評論，學術界本身更是不聞不問。可見國人的教養有問題，對元首的行爲容忍限度很高，全體社會就如此這般視而不見地和稀泥下去。我們是否因爲類似的事司空見慣，而已落入無動於衷的免疫狀態所致？

有趣的是唯一的反應來自輔仁大學英文系的老外鮑端磊（Daniel Bower）神父教授。他於六天後十六日的台灣英文報紙《中國郵報》寫了一篇專欄文章，表示陳總統既然透露這不合校園倫理的愛情故事，應該爲這行爲向國人道歉，他認爲替別人捉刀有違學術倫理，行爲不正，等於爲全國同胞，尤其是年輕人與全國教師樹立了一個極爲不良的榜樣，絕不可當趣譚任其傳開了事。他更以自己的經歷現身說法，對整個事件有所微詞。如果陳總統在畢業典禮的演說是把這故事公開，規勸台北大學的畢業同學不該重演他自己所犯的錯誤，則其諴訓效果會多好！這樣做一定也顯示，陳總統對自己的行爲有所省思。媒體常報導抄襲剽竊別人論文的事而置校園當事人於無地自容的境地，當事人因而升等受阻或證書被吊銷的校園消息並不新鮮，這種事情通常會受各方嚴峻的批判。總統公開以笑容報告此事，而未受任何批判，表示當事人與國人皆犯有倫理標準不一的事實。

其實各大專院校偏好請官員在畢業典禮致祝詞，也是我國特有的倫理文化，這與大陸的必須洗耳恭聽「領導人」冗長的訓話有一脈相通的傳統意義。我在成大聽過的大官畢業祝詞的內容，多的是勸人不要急著談戀愛，生涯要縝密規劃，離開了學校不要忘卻母校，健康要注意等等的八股無聊話。所以我見到的畢業典禮場面，大多都是演講人講他的，聽講人則與鄰座人聊他們的天，除了前面三排左右的學生以外，皆意不在演講人，畢業典禮因而失去莊嚴的氣氛。這也表現我們的教育機關本身，不知找尋卓越人才，為畢業生在他們即將離校的重要的一刻，送一席他們一輩子值得回憶，能提昇內在智慧的演說。換一句話說，學校本身也不知道如何培育或影響學生。國內學校請官員來當畢業典禮的致詞人，是校方認為官大學問就大的封建思想留下的遺毒，校方的這類行為很容易枉費學生高尚的憧憬。另一方面這些官員講的話，就如上述，會落於八股，毫無人生歷練的崇高價值，更不必說為畢業同學的教養，作畫龍點睛的功用。我們必須記得，不是所有的大官都是有教養的，不是所有有教養的人都會當官。同樣的話，當然也可以很容易地套在民意代表。有眼光、原則與教養，而在生涯事業有高度造詣的正經人，一定會因爲接受不了問政時的尊嚴難保，而不肯坐上官椅。果其然，則損失的是這社會共同體，以及全體共同體的成員，所以整個國家會是輸家。達爾文之所以告誡世人，適者生存的禽獸生存原則，不能搬到人的社會，在這一點也有使人恍然的說服力。

非學校教育與教養

一般人常以「教育爲立國之本」等動人的話來叫人重視教育，而且一提到教育就想到學校教育。但學校教育並非唯一的教育機會，奠下立國之本的工程其實開始於家庭。

台灣不像只有四十年左右壽命的非洲國家，我們已擠入世界已開發國家之列，故不論男女大可以以七十五年的平均壽命來計畫一生。一般人在七十五年的一生中，在學校受教育平均僅有二十多年，其他的五十年皆非在學校就教，而是靠家庭、社會與自己，說得更白一點，講到教育不能不考慮環境的好壞與個人的努力，尤其是否帶有文化特質的家庭。

家庭教育

在這些因素之外，還有所謂天分呢。人的新生兒，是所有的動物裡最沒有能力自立的孤苦嬰兒[25]。嬰兒的養育全靠嬰兒所寄生的家庭。這段學齡前教育的起點不包含在政府所能控制的學校教育的範圍之內，而完全掌握在父母與家人的手中。雖然它在學校教育所能控制範圍外，研究嬰兒成長過程的專家們卻告誡我們，孩子的個性與人格大約五歲就定型，這還不使我們擔心？一般做父母的人是否明白，爲子女打造做人基礎的決定關鍵，握在他（她）們手中，即使他們有這認識，但熟不熟悉如何拿捏呢？他（她）們不但是父母還是老師呢！這種擔憂也是一些人反對複製人的主要原因。這些人士常強調後天養育的方法正確與否，對一個人長大成人後的性向，有很深遠的影響，這影響恐怕比先天由DNA的排序定下來的人格構造還要重要。換言之，複製了人之後，絕無法就此保證，分身與本尊不會因後天的養育內涵而成爲迥然相異的兩個陌生人。

父母從社會的角度來看只是兩個成人，是承襲上一代社會的影響而長大的成年人，如果我們的社會已有不重視教養的傳統，當父母的這些成人也就傳承了這傳統，這傳統一定也會表現在養育下一代子女的方法上。一代代相傳，就成為一個低俗的文化。

例如閱讀習慣，如果廣泛地盛行於一個社會或家庭，這會有益於助長子女嗜愛閱讀的習慣。我常羨慕外國小孩，在上床前央求父母唸一段故事才要入睡的場景，它不是屢見於外國的電影？這對培養子女日後閱讀的習慣等於已準備了一個溫床，它來自父母的智慧。除了一些例外，父母沒有閱讀的習性，下一代就很難把它具備在身，如果父母有這習慣，子女就容易模仿，要知道學習是多半靠模仿的。這種習慣之重要，有如上述，並有若林教授現身說法，教養是靠閱讀起始的。我每到國內親朋家裡，會環顧四週，找尋書架何在。國人家裡有書架在客廳裡的為數不多，但我知道這並不表示書架在家中的別處。但話說回來，客廳與書房通常是家裡藏書的兩個要地，書房裡的書通常以專業書居多。據我在台灣的觀察，國人家裡就算有書架，如果加以仔細檢視架上的書，多半都是林語堂所謂的娛樂書，所謂的教養書則極爲罕見，很難聞得出有書香味，更享受不到教養氣氛，豪華的家中裝潢，掩蓋不了家裡還是少了一襲春風。

上面提過的美國人赫希在他的《文化度》一書說，根據科學分析，人的閱讀習慣會於小學四年級就大致定型。這種習慣是一點一滴累積而成的。如果有人以爲閱讀幾本修身養性的書就能有教養，是一大錯誤。雖然閱讀的習慣四年級就完成，我們還得活到老，學到老。古人說大器晚成，外人也有life-long learning的說法以及late bloomer的字句。所以閱讀的習慣完成了，還得要它永續，而且要有智慧去選讀能爲自己添加氣質與品味的書籍，才能收到藉閱讀來養成教養的目的。這種習性的是否永續，全看幼時就建立的習慣生根多深，而其根之深淺又靠家庭的教育，這麼說父母的教養對人的一生會是關鍵的因素。但除了閱讀以外，父母應該牢記，他們的言行與誠信度對子女人格的構成也有很大的影響力。所以說父母是老師，一點也不過分。

社會教育

社會的教育是另一非學校教育，但仍然是教育的一環，教育部有社會教育司，而國內現在也在大力推行所謂社區大學，所以社會教育，也不完全在政府教育機制之外。教育如果與教養有關係，則社會教育對社會品質有直接的因果關係。例如范達倫（Van Doren）[26]曾指出社會的水準要高，要靠社會裡的每一成員都能提高素質。社會的水準與多數個人的氣質息息相關，它是成員教養的總和，這在本書開頭時已經陳述過。

社會是有機的，知識是動態而不是滯留不動的，所以社會人必須不斷地再教育，使自己在現代知識的洪流中不被拋在後面，不如此，社會人就不能增廣教養內涵，政府則應該提供這種風氣與環境。前面已經說過絕大多數的社會人就是父母，如果父母遠遠被拋在時代潮流之後，舊有的人類言行的那一把尺，就不能用來衡量新時代的事物。父母常對子女的言行覺得唐突而訝異，卻無從抽絲剝繭，加以設法導正或了解，於是代溝一直加深。所以我很重視林孝信教授所推廣的社區大學，讓社區的社會人依其時間許可，依個人發現必須予以補強的領域，作重點式的補強，一旦人人都能活到老學到老，社會的品質一定也會提昇。

與教育無關的天賦素質

但就如羅索夫斯基說教養可以與教育無關，記得他的話：「不是所有的大專畢業生都是有教養的。」包括我國在內的先進國家都施行所謂義務教育。最長的一般也不會超過十二年。但因爲機運不佳，連義務教育都被迫錯過的人並不在少數。不需要想得太遠，屬於這類「不幸」的人，在舊社會或義務教育開始實施前一定多的是。但未受教育不見得就完全被剝奪了具有教養的機會，因爲人還是有所謂天資的素養，辨識教養的天賦也可能與生俱來。

與生俱來的教養素質

記憶中的家父，就是這種人物。他生於一八九四年，一九五三年去世，享年五十九歲。他一輩子只受過日據時代的六年公學教育。但他寫了一手瀟灑的毛筆字、吟詩、猜謎都會，且善於語言。最難得的是他重視教育，寧願舉債送子女受好教育，並且有始終不渝的正義感，知道君子面對天下萬事，應有所爲有所不爲。

家父擔任警察，在跨越日據時代和太平洋戰爭結束時期，在土地的隸屬驟變而人心轉向時，絲毫未遭到任何人報復或騷擾。這關鍵全在他不仗勢欺人，是非分明，刻苦勤儉，無欲故剛。我還記得小時候，他常在下班後，把心地單純的母親白天收下的訪客伴手禮物，親自送還給饋贈者。誠然，他的世界是小的，因爲他被學校教育啓蒙的機會不多，但那少量的教育灌溉，已足夠使他養成個人的品格與尊嚴。因爲他有教養的素質與天資，他的少量教育已足夠讓我們以他爲典範。子女們的腦袋裡裝的知識比他來得多，但談到如何做人與如何經營生活，他仍可以成爲八位子女的導師。他的知識可能不多，但智慧充足，所以我在開頭就說過，教養是個人自我的努力，省思的累積。凡是閱歷過的事，都加以思維、解讀，把天賦的才能發揮到極點，就會有足夠的教養。如果自己不知如此修練，教育皆屬徒然。

類似的例子不勝枚舉。我曾唸過一七九〇年日本一位農民田村仁左衛門吉茂的故事，他自小不聽父母的教誨，厭惡上學，如果以今天的標準來說，可以說是徹頭徹尾不學無術的小混混[27]。但他一生獻身農業，寫了有名的《吉茂遺訓》，遺訓裡說的盡是傳諸子女的做人道理。他蔑視純粹爲過活而學的手藝與技術，但極端注重爲人之道。他以能獻身農業而昂然自得，因爲他知道民以食爲天，所以以替別人提供食糧爲傲。顯然，吉茂知道自己在社會的定位，而最重要的還莫過於他知道如何勇於選擇他的生活方式。他是活得像自己的典型人，據說識字時已五十多歲，不少人奉他爲傳奇人物，他無疑也是認識自己而知謙卑的教養之人。

教育對教養有加成的作用，但天生的素質顯然不能加以否定，像吉茂與家父，兩人都沒有現代人認爲充足的教育，但卻能充分發揮自己的天資與後天獲得的有限知識資源，邊體驗邊修練地找出一條對自己、家庭、社會都有貢獻的生活。

吉茂深知作爲一個好農民，爲社會提供糧食的重大意義，而家父的書香氣質與書法之美，認知了教育對個人發展空間的重要性，一意爲下一代子女提供環境使他（她）們能透過學校教育認識做社會人的價值，建立獨特的做人風格與教養。這也是本書開端指出，教養有靠個人修練的必要的好見證。

第三部

他山之石

他山之石

日本的教養部

因爲教養與知命、智慧息息相關，與教育的目標有直接的關係，所以日本大學早設有所謂的教養部，蔚爲風氣。近年來還有加以改革，修正爲更有內容的教育階段的動向，但可惜在另一方面，教養部在日本某些學校也有不受重視而漸形式微的例子。

重視教養最爲典型的是日本的東京大學，進入東京大學的學生，在前兩年系不細分，不管學生後來走的是何種職業生涯，他們必須經過兩年所謂教養部的做人教育的洗禮。其實教養部並非完全不分班，但他們分班的本質與台灣過去的聯考分組的原則大同小異。文理是最分明的分班，理學這部分又分三部。我所主攻的醫學屬於理三，前後要學六年。東京大學畢業，現任該校大學院總合文化研究科的若林正丈教授，向我親口回首他在這兩年教養部的教育，對它的價值極為肯定。尤其認為這一階段教育拓展了他的視野，是重要的收穫，而浮上他腦際的重點是在教養部的語言訓練。東京大學教養部對英語的重視不必說，德文、西班牙語、韓語、希臘的師資也頗為堅強，連梵文教師亦不缺乏。他指出精通印度語言的人全台灣就只有一位足與比擬。這種先為學生開墾語言沃土，為瞭解本國與外國文化做整地的工作，再帶領他們悠遊於各國經典之作與歷史之間，對國際現況的淵源加以剖析，當然很容易培育出對自己活在這世界的定位與意義有正確認知的下一代。他認為這在講求全球化（globalization）的今天有特殊的意義。

這種教育理念，只有深刻地認知教育與教養有密切關係的教育者才能做得好。如果這理念能貫徹到各級學校，社會品質也會改變。陽明大學的洪裕宏教授曾經描繪他想教育出來的人物是「白天是掃路的清道夫，晚上換上西裝，到國家音樂廳去欣賞樂曲的文化人。」這種社會，一定是和我們的社會完全不同的醬缸。

若林教授的話，可能只在傳達著明治維新以來，由西方社會哲學的傳統蛻變而成的日本人的生命與生活觀。不管如何，日本經過了一段西方文化的洗禮而取人之長補己之短，完成了極有成效的文化脫殼過程是事實，而且已有了自己的傳統。相形之下，台灣社會對本身的教育內涵很少作深入的剖析，其後果是問題不能釐清，對策無法出爐。或可能因爲問題的核心沒抓準，拿出來的對策不是文不對題，就是無法發揮功效。大陸說上有政策，下有對策，如果問題看不清楚，搞不好拿出來的對策與政策是南轅北轍也不一定。

美國的通識教育

在耶魯大學的簡史裡，作者皮爾遜（George W. Pierson）[28]說：「耶魯大學的一二年級教育目標，是故意不教一些特定職業所需要的知識，而是替學生奠下從事任何職業都該有的共同基礎。」換言之，耶魯的核心教育是貫穿生活的全面，它的目的是爲一輩子的生活奠基，求生存的職業生涯才在上面築起。如果有人問我這基礎是什麼，我會毫不猶豫地說，那就是教養，這與若林教授在東京大學所經歷的完全一致。這也是我們的教育所欠缺的一環。美國有散佈在各地像達特茅斯（Dartmouth）、史密斯（Smith）、帕摩納（Pomona）、奧伯倫（Oberlin）、衛斯理（Welsley）等等，以培養智識分子爲主的高等學府，台灣並沒有類似的學校，因爲教養早被認爲是沒有特定用處的東西。但値得敬佩的是美國這些學校培育的畢業生，後來自己選擇生涯發展，比起只強調塞滿知識，只求眼前利益的台灣學生，在智識分子的素質上毫不遜色。澳洲出身，當了多倫多大學副校長且當過史密斯學院校長的吉爾・凱・康威（Jill Ker Conway）[29]也極其反對過早過分成專家的人生觀。原因何在，其理甚明，因爲這樣發展不了宏觀的視野。我大女兒在達特茅斯畢業後，曾經在摩根・史坦利做事，再往紐約哥倫比亞大學學法律。她經常寄來一些雜誌上的文章讓在台灣的我們閱讀，從這些雜誌的主題與內容，可以窺視她的視野之廣。裡面多的是論及世界局勢、醫療糾紛裡的倫理問題的文章，甚至愛滋病疫苗的展望論文等等，遠非國內年輕人的涉獵廣度所能比。她這些治學的方法與底子，是打從何處何時而來，該不難猜測。

簡言之，喟嘆教養式微之餘，我們應把眼光投向設法將國內教育導向回歸到教做人爲先，再求技術知識的正常軌道，讓教育發揮其眞正的功能。

台灣的學以致用現象

事實上台灣的大專教育界裡，不少人早就開始注意，這樣下去會導致社會的繼續庸俗化。我們的教育事實上已經沒有爲學生培育教養的理想，這類課程也幾無立足之地。有的人呼籲大學應該一、二年級不分系，效法東京大學教養部或美國學院，爲學生擴大視野、傳授分析事理的技巧，建立閱讀的習慣，以及培養創意等等的作法。但這種聲音極爲微弱，幾年才聽得到有人呼籲一次，教育部也偶爾會放出試探這種理念的可行性的氣球，但這些聲音皆曇花一現。其實，這種檢討與想法在國內的確有迫切的需要，只是它從來未曾成爲氣候，或正式的話題。

最爲筆者惋惜的是幾個綜合大學，在大學博覽會裡竟以「唸我們的學校，保證有職業」來號召學生填志願，不知這種看法是從哪裡來的？這種口號是職業學校用的口號，並非一般以培育智識分子爲本分的綜合大學該大聲喊出的。這種偏頗的辦學走向，會使學生更加不重視立身做人的教育，而戲稱它爲營養學分，所以我說台灣的綜合大學愈來愈像是技職學校是有感而發的。年輕的一代對社會的責任多數都沒有一定的理念，有立身理想的更是少數，他們看到的多半是眼前的近利。難怪多年前《時代周刊》稱台灣爲貪婪之島，我們覺得欲反駁苦於無力。

王子復仇記與鴻門宴

美國的教育並非樣樣都好，這在高、初中各種國際性的智能比賽時，立刻露出馬腳。我國的學生在需要記憶的課題，或在類似的範疇裡，表現經常優越，在世界舞台上居於領先之地。只要瞭解我們的教育重視塡鴨，就不難瞭解爲什麼我們的學生在這一個階段不會顯得落於人後。但美國教育有它的長處，他們注重自我學習的習慣的建立，並鼓勵思考，助學生成長與獨立，所著重的是自我學習與解決問題的方法論。

舉一個實例加以說明，我大女兒岫清還在美國唸高中時，有一天我發現她在看莎士比亞五大悲劇之一的《王子復仇記》（*Hamlet*）。我問她這是否是課業，正在準備的是班上什麼課，明天是否要把莎士比亞的文章翻爲白話文就算了事？她說不，她們第二天在班上是要與別人討論王子哈姆雷特為父親報仇弒叔時會經過何種心路歷程。換言之，她們在高中時唸經典之作，也順便探討人的內心情懷的問題，目的在增強對別人情緒的感受性。這對瞭解人性，不但很有正面的教育價值，更重要的是它包含教你如何尊重別人，是在深化教養。

我一九四〇年代末期唸的高中是新竹中學，而新竹中學以全人教育聞名。那時是大陸撤退，大量大學教授級的老師逃出大陸而雲集於高中找教職的時候。上述大女兒的話使我想起，當我們在中學唸到鴻門宴，老師雖是一流的，但並沒有人教我們如何去探討參與鴻門宴的項、劉雙方諸將的心理。這個故事是人人皆知的歷史典故，也是練習分析各懷鬼胎的人聚在一起，為決定歷史的走向而鬥智的好教材。

鴻門宴有兩方陣營的驍將雲集，內有項羽的將領項伯，因與劉邦的謀士張良是舊識而已經通敵，向劉邦副將張良告知鴻門宴的眞正意圖，項伯還是項羽的叔父呢！他在宴中心裡不知作何想法？席間也有磨刀霍霍以舞劍為藉口圖刺殺劉邦，身為項羽堂兄弟的項莊，他的殺氣是如何隱匿的？項伯針對項莊起立對舞，不給項莊刺殺劉邦機會的心潮又是如何？想出這幕陰謀而推動這死宴的項羽的謀士范增的焦躁又是什麼滋味？樊噲的把關與看機行動，擅自闖入帷內，加上項羽的有勇欠謀，劉邦的江湖遊民本性一定有理不清這聚會的演化的無奈，而張良敏銳的睿智是否使他在宴席中始終覺得如坐針氈？這些人物在鴻門帳內所交織成的人間戲劇，當做教材用來為年輕人分析人性糾葛，為認識人生開竅，其生動有趣，豈不會使丹麥的王子瞠後？但我們卻沒有這種福氣，我們就教的單是事件的始末，歷史的記載而已。

問題在注意到能利用這種題材為活教材，以謀學生體會深化，重視人的際遇而又能把所學的人心浮沉與糾葛，情緒的起伏，直接聯到生活而予活化的老師不多。想想，鴻門宴很可能是秦朝滅亡以後，中國歷史的轉捩點。如果劉邦當場被舞劍的項莊刺殺，項羽也沒有在烏江自刎的結局，中國歷史一定完全被改寫。這麼富於戲劇化的史實，一定隱藏著千萬個值得讓我們去探究的人性暗流。不作這種腦際作業，我們又如何企望教養的養成？教育上的這種遺漏是我們教育病症的縮影，而且越來越有病入膏肓的趨勢。難道我們的老師也沒有過類似的腦際震盪？我們是否根本沒有能帶我們年輕人走入生活深處，替我們指點一些生活裡的漣漪的老師？如果能從生活上學習，學習不是很好玩的一件事嗎？

沒有有教養的老師哪有有教養的學生

的確，要能和學生一起探究這種人性糾葛，爲學生解讀言行後面隱藏的玄機或所謂字裡行間的含意，引導或指導學生的爲師者，先須具備引導與指導的功夫。國內的問題就發生在這裡，我們上自高等教育層次的教員，下至從事啓蒙教育的幼小學教師，有太多老師認定與升學有關的才是「學以致用」，才合乎學習的目的，教育的主流始終是以升學與培養技術人爲軌道。多數老師沒有在人生哲學導引學生的能力，他們本身沒有直攻劉邦與項羽內心，去打開他們的心扉展示給學生見識的本領，當然也就不能帶引學生去大談鴻門宴各角色懷在心裡的鬼胎。我的結論是，我們不探究人性，是沒人敢做，沒人能做。我們的老師也已經浸漬在過去塡鴨式的教育太久了。

這種論調並非來自我個人的觀察而已。九十三年五月一日在台大應用力學館舉行的張昭鼎紀念研討會中，沒有一位與會教授不喟嘆我國大學目前已太偏重知識教育，對學生教養的培育，或人文素養的培養，幾不存在。同樣的意見也在同年六月七日在東吳大學舉辦的「大學基礎教育研討會」中成爲重要話題，與會學者相繼發言呼應教育界應速謀對策。但這種共識常常止於研討會會場門口。當與會者各回崗位，談起如何各在崗位上著手落實研討會所獲的共識，則表示苦無上策，個人方面不知如何起步。這也是由本人主持的台灣醫學院評鑑委員會，力主各校皆須設立教師再訓中心（Center for Faculty Development）來改造老師，使每位老師能成爲學生教養之典範的原因。但是誰能主導？我的一貫主張，是要求學生要有教養，首先需要一批有教養的老師。

多年前有關單位在中央圖書館舉行大型的教育會議。會議中不少與會者痛斥台灣的教育界有太多的教書匠，這些人從來沒有掌握教育的嚴肅性及影響的深遠性。最明顯的例子是，官員們一受不了民意代表不分青紅皀白的教訓與矮化式問政的氣就說：「我不戀棧這職位，大不了到學校教書去。」言外之意，好像教職是任何江湖人士皆能隨時求得又隨時可放下溜走的三流職業。這從何談得上指導下一代的生涯？前幾年這件事以學官兩棲爲題被媒體渲染了一陣子，我覺得媒體的那一場爭議是師出有名的。試想，台灣所謂借調當官的教員多得驚人，這一些人死不放棄教職這鐵飯碗，一有官椅坐就趨之若鶩，丟著學校裡的學生包括研究生而去，一周回校一次，上個一兩堂課或指導一番研究生就算向學校交了差。這種勉強維持教職的老師如何成爲生活與治學的典範對我是一團謎。教育的價值呢？它的目標呢？誰在關心這些？

為誰而讀

教育迷失了方向是一回事，又碰到國內受教一方有不少不知為誰而讀的學生，所以問題更加複雜。小、中學教育既以升學拿文憑與就業為唯一目標，家庭、學校對學生子女的學業表現有一股很大的壓力，這壓力是忽視子女的性向，儘管以升學進入名校為目標。

誠然，這種壓力並非毫無是處，因為人總有惰性必須有後面的推手，但要子女知道唸書做人，目的不在謀利，而且唸書是應該對自己負責的人生大事，讓子女知道求學的目的絕非為了父母或家庭的門面，比什麼都要來得重要。子女因求學目標不定，覺得自己興趣缺缺，但還必須顧及家長與家庭的面子唸下去不可，這種學生一旦成績不能滿足家長的期望，常萌生自責之感，甚至演變成跳樓或上吊尋短之慘劇。我們有太多的學生學習目標模糊，只聽從家庭指示而將就，在一試定江山是升學唯一的管道時最常見，因為聯考分發而落腳的學域與自己的性向大相逕庭的例子不在少數（參考第一七八頁〈開課的原則〉）。我在成大時護理系學生大一升大二的時候，常見三分之一的學生紛紛轉系的事實每年不斷，是一個鐵證。

美國教育最大的特點是除了一些家庭是例外之外，不打也不逼子女唸書，學生獨立性高，對生活早就有主見。所以不想唸書不求升學的學生以及中學就輟學不唸的爲數很多，後者叫 high school drop out。但這種放任的態度卻有意想不到的正面意義，這優點是：留下來決心升學大專的年輕人，都是知道爲誰而讀的鬥士，故在大學裡的競爭頗爲激烈。我在華府的喬大執教，協調推動一堂大課，成了與學生接觸的唯一窗口。有一次有女同學考完試後來抗議考題太簡單，形同污辱他們。這是新鮮經驗，我曾爲文問國內學生會不會有這種學習態度。

不知爲誰而讀，就會影響教養。理由很簡單，前面說過，教養要靠個人生活目標之確立與努力。所以我們教誨子女時，切不能忘掉要灌輸「努力是爲自己」的觀念。

從個人教養看共同體的教養

整體社會水準、品味的高低，是社會中個人教養的總和或平均。我已說過，如果要一個社會不致沉淪或停滯，要靠社會每一份子都提昇良知。所謂民族性，也是指的這個總和，我們常以文化稱呼。

外國人對中、日民族的印象

一九七〇年代中國大陸走入國際舞台，取代了台灣本來在國際組織以及外交沙場裡所佔有的席位。我記得當時《華盛頓郵報》報導大陸政府印製了一本小冊子，提醒其駐外人員或出國考察人員在公開場合的行爲規範。小冊子裡列有不該問外國女性的年齡，或要爲女性開門讓先等等一些純粹屬於東西文化對兩性文化的差異帶來不同習俗的問題。這些不同習俗的認知，雖值得警惕，但我覺得它們並不特別重要。這小冊子另一方面警告「不要隨地吐痰」，或「擤鼻子不用指頭，而要用面紙或手帕，而且擤後不要打開面紙或手帕查看擤出來什麼東西。」這些動作已走在文明與不文明的剃刀邊緣，絕不容忽視。小冊子裡還有一大堆類似的言行指南，很明顯，是試圖以惡性補習的急就章方式補救一些缺點，而這些缺點是中國人自己承認在文明世界裡我們必須糾正的非文明習性。這種小冊子也的確有發行的必要，王定和[30]也曾經出過一本叫《中國人爲什麼會這樣》（*Why the Chinese Act This Way*）的書，把問題責任推給教育。

所以中國人對這種領悟與學習有絕對的必要性。一七九三年英國派了麥卡特尼爵士（Lord Macartney）擔任欽差大臣的重任，名義上是爲恭賀九月十三日乾隆皇帝的生日，但目的卻在洽談通商事宜[31]。這一批代表們在中國朝廷所見的事，皆詳載於他們的日記裡。例如，朝廷的高官們用寬長的衣袖來擦髒手，隨地或隨便向牆上吐痰。擤鼻涕用手指左右各噴一下，而身上有蝨則叫侍者代爲翻找，等侍者東翻西翻找到了之後，即放入口中。按現在《國語日報辭典》對「擤」字的註解，還是這樣寫的：「分別摁住鼻子的一邊，使一個鼻孔噴出鼻涕」。當然辭典裡沒解釋這是用空手還是用手帕或面紙遮掩再做的動作。但這描述強烈暗示著麥卡特尼所觀察的情景並非空穴來風。事實上，我們今天還能看到以這種方式擤鼻子的國人。在廣闊的農場上、球場上的運動員、工作中的美國人或也有類似的動作，但在他們的都市人群中，我打賭是見不到的。

十九世紀中葉，西方諸國艇艦在日本伊豆半島的下田港附近停泊，目的在以船堅砲利逼迫德川幕府停止鎖國而通商。當時有些艦上人員經幕府特准偶爾上岸逛街，他們在日記[32]裡記下所見所聞，都說當時岸上，包括江戶（現在的東京）潔淨有序，一般市民穿著整潔，國民具有素養。這些水兵可活動之範圍當然有所限制，但上段麥卡特尼的記載是清朝朝廷裡的所見，而後者是一般的市井小巷。在他們的日記裡同時回憶，在華北塘沽停泊三個月期間，在岸上所看到的街道髒亂無序的情景。這些航海日記包括曾經來訪基隆港的貝里（Commodore Mathew C. Perry）的艦隊。

不但如此，這些日記提到艦隊在東京灣停泊時，時有幕府官吏爬上他們的船的記實。日記說，每次他們上來，官吏們各持一筆、一本簿子，見到儀器，就其功能、操作製造及維修方法幾乎無所不問。並且加上一句：在中國塘沽三個月未見任何中國人問這些問題，僅有的盡是想上船來交換物品的商人耳。我看到這些文字，是私底下汗了顏的。

由小見大說眞章

前面已經提過，把教養這個字眞正織入人的成長與生活的不是別人，是日耳曼民族。日耳曼民族是德國國家的領導主體。納粹之能崛起於講究教養的德國，到目前還是社會學家與歷史學家的謎，但這裡不是解答這個問題的時候。我卻能從我的德國朋友的起居與生活的態度，看得出他們的教養浸透生活的程度。換言之，我對他們菁英的自覺、卓越的認知、守法守秩序的謹愼、文化程度之深度頗有領略。

我曾在一位姓哈斯（Haas）的德國朋友府上作客。德國人的生活水準不亞於美國人，尤其是其生活求品質之精緻，無話可說。晚餐之後，主人與賓客圍繞在鋼琴周圍，由主人彈一些小曲子款待賓客，塑造出德國人追求文化修養悠然自得的溫馨場面。哈斯先生更帶我們去看馬丁路德一五三〇年四月廿三日躲藏至該年十月五日的碉堡（Veste Coburg）。哈斯先生深諳歷史，爲我們解釋馬氏於十六世紀掀起宗教革命時的廿六項改善主張（西方人把宗教革命稱爲Reformation）經過甚詳。他在鄉間開車，不管周圍有沒有人，左轉必定把車開到交叉口中再直角折轉。哈斯告訴我這是眞正的德國秩序（Ordnung）之所在。德國人眞是洪裕宏教授所說的「白天是清道夫，而晚上則穿上一套西裝到音樂廳聽交響樂。」的文化民族。

有趣的是日本人有時被稱爲東方的德國人的事實。我的摯友何曼德曾訪日本兩、三次，去年他與夫人乘坐遊輪又重訪日本，寄來一封信轉告遊日的見聞，信中認爲日本人是世界上最守紀律的國民，被冠以東方德國人之頭銜，受之無愧。司馬遼太郎[33]在與人對話的一本書裡，提到日本武士雨中不屑帶傘，也忌諱像一般人如過街老鼠般地在屋簷底下爲避雨而小步急走。不管雨下得多大，武士會若無其事地在馬路正中央悠然闊步而任雨水吹打，在轉彎時一定是直角行走，而不「偷工減料」斜向轉角。這不就是一則與德國駕駛員的精神互相輝映的趣聞？

轉彎必走直角，說起來是小事，但確是一般民眾構成社會秩序的基本要件，因爲它立即會影響交通秩序，如果習慣於以小看大，就看得出這才不是一件小事。每個人對社會的秩序貢獻一點責任，交通紊亂與市街髒亂自然可以避免。

最近我在昆明一家很講究的普洱茶經銷店，看到一系列的舊日照片掛在一面牆上，其中有一幅廿世紀前半期拍攝的昆明城內，呈現交通的一片紊亂，但下列註解卻說「亂中有序」。亂中有序這一句話，在台灣也常常耳聞，我認爲這句話是國人不管交通紀律的自我解嘲用語，切不可一笑置之。社會提昇緩慢得有如牛步的大原因，是生活缺乏自律。自律是教養的一個成因，萬萬不得以亂中有序自傲。紀律的缺乏立即波及各職業倫理、生命的價值觀、守法的精神。君不見國內投機取巧、做事不經心、意外頻發與治安惡化跟著就來的報導不斷？

誠然，沒有人能冀求社會的每一份子都成爲教養豐富的完人，那是緣木求魚，一般人所說的各民族文化的不同與教養的比較，只是共享不同文化的共同體成員的教養的一個平均值而已。譬如說每一民族皆有集體歇斯底里的潛在危險，在我的看法這與該民族的教養過度或有關係。納粹德國二次大戰時的罪行、日人進行的南京大屠殺皆是好例子。這些駭人聽聞的暴行，都是在愛國的美名之下由所謂有教養的人民幹的勾當，是國粹主義過分膨脹的結果，這容後再敘。

細說日本、台灣

季辛吉說過，日本人是世界上最難瞭解的民族。我們稱日本爲民族，是它比起世界上任何國家都像是由純種的民族所構成，族群問題在日本幾乎不存在。太過純種的代價，是失去多樣性的潛力與活力。日本泡沫經濟之後一蹶不振，是因爲缺乏多樣性所具備的活力所致。但日本民族在反面卻是極有紀律精神的民族，這紀律性也是給何曼德院士上述強烈印象的主因。如果倫理與自律之心是教養的重要單元，被台灣人揶揄爲「有禮無態」的日本國民的這些教養到底來自何處？這是值得分析與探討的。找出答案以供參考必有價值。

日本人與中國人一樣，隸屬於多神教的民族，許多國人旅居美國被問到我們的宗教屬性時，以「無神論」回應，是錯誤的，大多數的國人，包括筆者本人，應該以"agnostic"回答。Agnostic一字大陸簡明英漢辭典譯爲不可知論。因爲事實上大多數國人，包括你我皆相信大自然確有一種超越人的萬能而莫名的力量，這力量屬於何種神明，對不可知論者的我們並不重要。雷根總統是典型的基督教徒，他常以「樓上的那一個人」（someone up stairs）來表達，我也有同樣習慣，許多同胞也是這類人，但我指的樓上人可不一定是耶穌呢。這一點，日本人與國人並無兩樣，他們有各種各樣的神明，也有所謂地藏，與台灣的土地公一樣的神。他們的神道，更是沒有過固定的精神領袖與教義，對人死後靈魂安棲的去處，也沒有清楚的交待，很難符合稱爲宗教的條件。

日本人既然沒有可列爲宗教的特定信仰，日本人所謂的「禮貌與體念別人」，即教養來自何處？這來源一定異於宗教盛行的國家，季辛吉所不解的就是這一點。日本人的教養有三種來源，一爲家庭教育，二爲學校的修身課，三爲傳統。國人有以我們的「公民」課，來駁斥台灣無修身課說法的人。後者認爲公民教育因爲失敗，台灣社會才落得今天只顧各自方便與庸俗的混亂。但上面已經說過，我上過日人的修身課，也上過國內的公民課。我可以斷言，從深度與廣度來說，各級學校直到高中畢業的公民課，國內課程根本無法和他們的修身課相比。

他們的家庭生活充滿薰陶的氛圍，最使外人驚訝的是進餐前，子女連同父母會說一聲「感謝給我將進的餐」，吃完後低頭說「謝謝這飽滿的一餐」。近年來聽到日人進餐時喃喃自語這些字眼，我就想起上述的《吉茂遺訓》。季辛吉以及我們所不解的是他們到底在感謝誰呢？是感謝像吉茂那種獻身爲別人提供糧食的農民們，或是樓上那位神秘的人？不管如何，在筆者的眼光裡，他們似乎在家庭裡，已經爲子女灌輸人活在世間的一個觀念：人之所以可以在這宇宙生存，非屬於社會不可，作爲社會人，互相依賴，甚或靠生物才得以解決食衣住行的問題。但爲了解決人的食衣住行，一定有數不完類似吉茂的老年人、壯年人流著汗水努力，一碗白飯才能端上餐桌。如果認識這些人貢獻的點點滴滴，這種思維常會轉而思考自己應選擇何種生活的方式，才能對別人的生命有所貢獻。這不就是教養的開始？也充分地說明家庭教育是立於教養的起點，它扮演了決定性角色。所以說，父母的責任格外重要。家庭教育成敗的先決條件，是父母親要有教養與素養，要有人生觀，發揮典範作用才能確立，所謂庭訓也才能形成。

日本人的教養，其實受儒教的影響很大，尤其是朱熹所傳授的思想，在日本稱爲朱學。他們的海島與台灣地質沒有兩樣，但兩國環境的清潔與風光明媚可說完全是兩樣。我們笑日人有禮無態，是否是由我們已經習慣了的髒亂與脫序的生活環境去考察，認爲日人的應對進退有點小題大作的傾向而有接近做作的境地？但他們享受精緻舒適的環境生活，是我們望塵莫及的事實。所以評論一件事，要跳出自己的框子，找出中庸的立場站立，才能有客觀的觀察。凡是沒人看得出有價值的東西，都不會吸引一般人珍惜，是我這一輩子的觀察獲得的結論。保護環境是最好的例子，朱熹所帶給日本的環境，與儒教傳下來給台灣社會的髒亂，爲什麼來源相似但對比強烈，是值得我們深思的事。

第四部

教養的影響力

教養的影響力

有高度教養的人，會有難以估計的影響力。但這種人因爲知道律己，知命而謙虛，不會賣弄自己的教養與智慧，實際上他也不會刻意地影響別人。換言之，這種人往往兩袖瀟灑而不知他成了別人的典範。反過來說，會不會欣賞這種人，也得靠一對慧眼與省思。這種例子很多，但使我印象最爲深刻的，莫過於我很熟悉的秦賽的故事。

秦賽的傳奇故事

秦賽的原名叫Hans Zinsser，是德國後裔，廿世紀初期，他學醫之後，執教於哈佛大學醫學院，他的研究集中在立克次體病原體。他曾在一九三八年三月二日經過與洛克菲勒基金會有關係的美國中華醫學基金會（China Medical Board）聘爲客座教授[34]，在北京協和醫學院待過一段時候。我在一九五〇年代在台大醫學系唸醫科時微生物學用的教科書，就是秦賽的書，但那時我對秦賽這個人的了解不多，軼事更是毫無知悉。秦賽是人文氣息很濃厚的科學家，他喜歡歷史，廣闊的視野給他犀利的觀察力。他寫了一本書叫《老鼠、蝨子與歷史》（*Rats, Lice and History*），是一本把科學觀察與歷史典故整合在一起的經典之作，裡面有發人深省的哲理甚多，但也另有不少非專業的文章[35]。

話說他有一個博士班學生，有一週六晚上問他的室友約翰．安德斯（John Enders），如果沒有什麼活動，當晚可跟他一起參加秦賽的派對。安德斯當時是哈佛大學的英文學博士班學生。當他與室友同赴秦賽住處，遇到秦賽並與之交談，有機會接觸秦賽的內涵、視野、宇宙觀與意境，立刻受其影響而決定改變自己的生涯規劃。第二天他打了電話告訴秦賽，他將拜其爲師，獻身微生物學而放棄英文學生涯目標。安德斯受秦賽的影響力而「改航」，於一九五四年與湯姆斯．威勒（Thomas Weller）與弗萊德瑞克．羅賓斯（Frederick Robbins）等同事，因於試管中培養5H小兒麻痺病毒，而獲得了諾貝爾醫學獎。他領導的研究成果後來成了沙克與沙賓，各用來製造以他們取名的疫苗的基本技術。這些疫苗在廿世紀末期，成爲世界衛生組織繼天花之後想從地球上撲滅小兒麻痺的武器。秦賽的影響力是深遠得難以測量。但故事不止於此。南非有一個志在學醫但毫無所成而生活潦倒的青年馬克斯．泰勒（Max Theiler）。在廿世紀的初期，他在倫敦弄到秦賽上述那本書以及另一本書《感染與抵抗力》，閱讀之後大爲秦賽的睿智與慧眼所傾倒，立志以秦賽爲楷模而努力一生。稱奇的是一九二二年泰勒居然有了一個機會轉往美國波士頓與秦賽認識。泰勒的研究路線是黃熱病病毒。他在一九三七年發明了以17D爲名，被世人廣爲使用的黃熱病疫苗，而於一九五一年獲得了諾貝爾獎。

這幾乎是傳奇性的故事，這故事的訊息是良師的影響是莫測深遠的。秦賽本身未問鼎諾貝爾獎，但已足夠點燃兩位造福人類的科學家的志趣而改變了他們的生涯。這種典範在我們今天的社會有幾位？

教養的受體論

但如果一位年紀尚輕的人能面對一個有風範而內涵的人，或其著作，而心裡能有所共鳴或起景仰追隨之念，表示這年輕人本身已有幾分相當程度的眼光與歷練，這從上面秦賽的例子可證。從這角度說，我對安德斯與泰勒能在與秦賽見面時，感受秦賽的魅力，而讓這感動之情驅使走向能對人類有更大貢獻之路，充分顯示他們兩人骨子裡已經修練有成的智慧，可以說他們已有了這種教養與起共鳴的受體。

受體是一種分子生物學所用的名詞，是一種蛋白質的接觸器，專管細胞與細胞之間訊息的傳遞，激發細胞適當的連鎖反應，啓動細胞的行爲。如果把人體視爲細胞，有一些受體是先天性的，就是我們所說的天分。教育或閱讀的目的則在爲一個人種植更多的受體，這些受體使他日後能在閱讀與邂逅人物時，能對特定頻率的刺激有所感應而顫動。這麼說一個人有無教養，端看受體的多寡與多樣性了。我個人稱此爲受體論。

簡言之教養是要發展受體。受體是會衍生的。個人的努力與教育的灌溉，會使受體萌芽或增生。特定的受體在有一些人會比在另一些人多，特定的受體一多，對具有特定訊息的感受力會特別強，所以教養也有其多樣性是難免的。

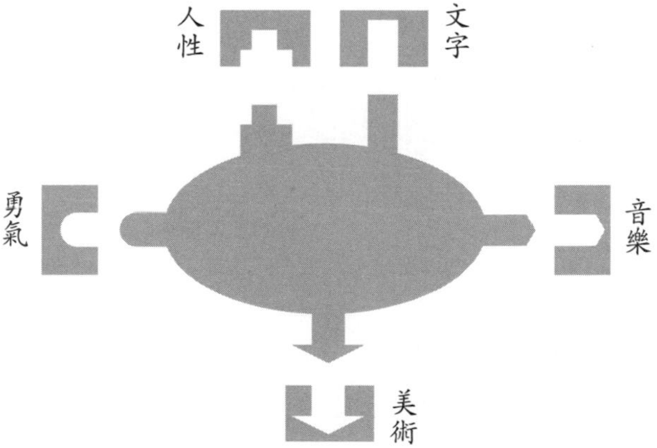

圖一、我的受體論（Receptorsim）

教養的潛在問題

有教養不保證不會產生惡行

一定會有人提出疑問，像德國一樣講究教養的國家，爲何二次大戰時會出現希特勒這樣的獨裁者，且舉國不能遏止虐殺猶太人的滔天惡行。我在書中也常以日本人的教養觀來作例子說明，認爲日本很像西方的德國，注重社會的秩序，個人的素養，但日本與德國一樣，也容忍軍國主義的抬頭，向中國發動侵略，犯下南京大屠殺等的種種惡行。這問題應由歷史家、倫理學家、社會學家來回答。這些歷史上的事件，也表示教養的單元缺一不可，要混合得恰到好處，否則破綻隨時冒出。

我前文已經強調教養的主要支柱在律己與忍耐。日耳曼民族最典型的代表，是一七〇一年立國的普魯士。普魯士立國當時的國王是極端講求服從領袖的軍國主義者菲烈德力一世，過分的標榜服從與忍耐爲美德而過頭的後果是，個人意志的被統制。社會上這種人一多，共同體很容易爲煽動家或野心家以愛國之名所乘，進入集體歇斯底里的狀態而產生國粹主義。這裡所指的「統制」英文爲regimentation，受統制過分的民族，往往在一個莫名的轉捩點，不經意地聽從宣傳而走火入魔。強烈自律的精神，又會抑制理性反抗的勇氣，而低聲下氣，只服從上面的指示，一個口令一個動作，國民會像玩具軍人。想想多少納粹的醫師們，在愛國美名之下，犯下違反醫學倫理的罪行。

先賢希伯克拉底斯兩千多年前的名言，現已成爲醫師誓詞不是說：「即使在威脅之下，我也不違反人道」？所以眞正的教養與過分的統制性約束要有所分別。教養不應該是理智的徹底解除與繳械。適當的拿捏在這裡又成了關鍵，否則正義不會有立足之地，赫爾辛基的醫師人權宣言的重申，目的也在此。

以德國人爲例說明過分講究紀律潛在著危險，在丹尼爾．高德海根（Daniel J. Goldhegen）的《希特勒意志的執行者：一般德國人與大屠殺》（*Hitler's Willing Executioners: Ordinary Germans and the Holocaust*）有詳細的論述[36]。日本這個國民的表現有很像德國人的一面，所以上面對德國人的行爲解讀也可以用來詮釋日本軍國主義帶國家走向滅亡邊緣的歷史。例如，日俄戰爭結束時，成爲戰俘的俄國軍人有七萬多人。這些戰俘所受的待遇極富人道精神，時在一九〇五年。曾幾何時，日本全國國民尤其軍隊被軍國主義者牽著鼻子走，到了二次大戰，處理美、英、荷、法，以及中國人的戰俘時的慘無人道已呈現完全不同的國家的面貌。幸好冷戰使美國把日本納入其保護傘，做美國圍堵共產國家的棋子，否則普魯士式的軍國主義，該早已把日本推上亡國之路。日本人的集體歇斯底里與他們對待敵人的行爲，與日耳曼民族優越感所驅使的殘虐不相上下。日軍在二次大戰虐待盟軍俘虜，包括英、美、荷、法的軍人，其在踐踏人道的程度與德國人對待在集中營裡的猶太人是一模一樣的，日內瓦公約對他們實際上也是不存在的。

我們的惡行

但華人的殘忍也是外國人的話題。像賽珍珠與白修德這種客觀人士，對中國大陸民眾對同袍的殘忍或對動物的殘酷，常有詬病而成爲話題。這種殘忍性每日在台灣電視上演的社會新聞裡，也可以窺見一斑。人缺乏人性而殘酷，會有各種不同的面具，典型的有兒童虐待、看不順眼就集體械鬥、家庭的人倫悲劇、自殺、殺人分屍、搶劫、擄人勒贖等皆可一語蓋之：是生命價值觀、忍耐、寬恕的問題，其核心在生命觀。白修德甚至於在他的著作《歷史的探尋》（*In Search of History*）裡面根據他自己的經驗，說中國人對中國人的殘忍，有比外國人對中國人還要殘忍的一面。至於賽珍珠的自傳裡及小說裡，所描述的中國女性社會地位低微，及女嬰被悶死的慘劇，在大陸坊間仍常常上演，是現在還被媒體在全球炒作的事實。我們該捫心自問，在台灣就沒有嗎？我認爲我們的這些社會案件，反應了我們的社會教育內容的取向錯誤，倫理觀念的式微。人性本善？或人性本惡？恐怕這爭議永無休止的一天。

e時代對教養的衝擊

e時代的去人性化現象

教養的軸心在做成功的社會人，與社會其他的成員和諧地共存，以對社會有所貢獻。所以教養與人際溝通的技巧有著密切的關係。e時代對人與人間的團結並不是沒有貢獻，這在丹尼爾．瓦沙拉（Daniel Vasela）的書：《癌症的奇蹟藥》（*The Magic Cancer Bullet*）中有生動的描述。在另一方面卻減少了人與人間的接觸機會，說得更貼切一點，在一些層面，人際溝通正走向更加式微。這帶來一個隱憂，在已降臨的e時代裡，國人的教養必定會愈形難求。作爲廿一世紀的人，教養的需要是不能減少的。這就產生了很大的矛盾與難題，例如，生醫科技在廿一世紀把人類帶到能創造生命的邊緣，或操縱攸關生命與生存的境界，以致於以倫理觀念批判的基礎愈顯得重要，藉此才能有條有理的理出該做與不該做的生醫科技，使生醫科技有其分寸。在舊時代如果沒有一把準確衡量倫理教養的尺，在e時代裡就沒有何事可爲何事不該爲，才能維持人類社會的基礎準則。

事實上在醫學領域裡，已經有不少値得我們擔憂的e時代現象正在萌生。對病人待人接物的重要性，在醫師與病人關係的建立上已較前稀薄。在診間裡看病人時，已有不少醫師與病人眼光相交集的時間，遠不如忙著看電腦螢幕上的數據的時間多。這不是作者個人的意見，而是廣大的病人群，甚至是一些較有服務精神而富於利他主義的醫師們，觀察別的醫師診治病人時的情景有感而發的肺腑之言。所以e時代對教養與職業倫理的後果，可以說已經逐漸浮出枱面。這潮流將改變e時代裡的人際關係基礎或者使其完全蛻變，恐怕是難免的。所以我們也要根據過去的倫理與教養標準，衡量與正視現況的轉變，作一些適當的修正，才能適應時代。不能作這種自我修正的人，將在新的時代成爲骨董人物，而逐漸淪爲e時代的社會邊緣人。

網路知識無法深化教養

這是教養與倫理觀念，不能沒有適應與動態的活力的原因。心理學專家早就在十幾年前提出警告，新世代會有許多不擅長人際溝通，卻只善於凝視螢幕而消耗時間的人，他（她）們對話的對象，往往是沒有臉孔的所謂網友。這種人格型態早就有人冠以電腦人格（computer personality）的名稱。前文提過我們一群人往教部選定的七所重點大學評鑑時，與我們交談的學生面不改色地說，他們的許多課業報告與知識來自網路。這也是值得關心社會的人憂心的事，因爲一大疊「讀書」報告，明明是抄襲同一網站擷取的膚淺論述。我們應該如何應對？e時代化是一個改變不了的潮流，但跟著而來的去人性化又是擋不住的一股力量。

林語堂在《生活的藝術》一書中，講明他不太看報紙。在美國有人告訴我當地的報紙，主要是寫給十四歲左右的人看得懂爲原則。這與國內報社所瞄準的目標不相上下。我個人也漸漸疏遠看報的習慣，認爲它無法增加我的知識，獲得的多半是小道消息與口水戰訊息。我料想網路擷取的知識也有這膚淺的一面，如果它正在成爲新世代求知的主要來源，眞使我捏一把冷汗。國內成人在嗟嘆新世代的子女迷失方向，求的是近利，莫非這是e時代資訊革命的自然後果？至少電腦網路上的這類消息與評論，對我生活的方式，以及想提昇社會所做的努力沒有多少的用處。我們需要的是，學習別人深化教養的閱歷，探究人性的論述，涉獵含有這些論述的書籍才能達成深化的目的。網路給我的知識，深度與平面媒體所能提供的深度大同小異。哈佛大學的羅索夫斯基說：「像有關最尖端的新藥的資訊這一類問題，找部電腦來問網路可立即解決，毫無困難。但人與人要如何才能達到互相信賴，尤其是醫師如何提供病人瀕臨崩潰的精神一些必要的支柱，卻無法請教於電腦。」這也表示在e時代，人的因素仍應該是教養裡的主要因素。教養的面貌會跟著時代的潮流而改變，但它的主要內容，爲自己找對社會與宇宙有所貢獻的路的心志，不應該有所改變。

第五部

我的努力

心靈改革的切入點

作為一個培養為國人護衛健康的下一代醫師為志的作者，我很早就建立了處處觀察與詳加思考的習慣。這種習慣與分析的腦際作業，合乎還原主義（reductionism）的原則。所謂的還原主義秘訣，是把複雜的問題分為簡單的單元，而予以各個擊破，分別解決。這種分析的先決要件是明確的界定問題之所在，擬定出來的對策才能解決待解決的問題，不然答案可能是錯的，或根本沒有針對問題的癥結。我也認為如果我沒寫在成大努力的這一段過程，不能承受只說不做的各界指摘。

我個人很贊成李登輝先生所謂的心靈改革運動，因為它的目標可以說是全民教養的提昇。但可惜的是在我看來，心靈改革的不了了之，問題在李登輝並不懂心靈改革如何切入，因而幾年下來社會並未因爲他的口號而有絲毫的改變。尋根究柢，問題在國人的教養問題毫無改善，口號喊久了，也失去了改革的新鮮味。我記得李登輝曾經邀請宗教人士來開會討論改革如何推動，這手法更是形同八股。每次談到心靈或治安或教育有關的問題，政府必會邀請宗教界人士來集思廣益。我卻始終認爲行善不必靠宗教，事實上改變一個人的風格想靠宗教，對大多數沒有固定宗教（agnostic）的台灣民眾吸引力不大。把教育正確地施行得體，才是心靈改革的正道。心靈改革在當時幾乎像一個圓球，找不到焦點，等於找不到著力點。

我於一九八二年正式答應回國主持政府十四項建設之一的成大醫學院的建設，回國前，我觀察了自己的子女在美國所受的教育與成長的經過、喬治華盛頓大學的教育方式，與學生的行爲。這本書的用意在分析與陳述我對教養的看法，正是因爲我認爲台灣的教育失敗，就在忽視了提昇人的品質的重要性，關鍵是在教養的迷失，就個人來說，是教育沒幫年輕人建立正確的人生觀。

國內的教育者與一般成人，習慣於在教育與獲得知識之間劃等號，教育自然就逐漸成了傳授知識的塡鴨式教育，由小學一直延伸至高中到大專階層，教師的責任幾乎集中在爲學生塞知識，教育的目標因而全失。教育在國內幾乎沉淪到成了陽春的訓練，目的只在培育所謂有競爭力的技術人。有鑑於此，我在成大作了不少努力來補救這缺點。現在在台灣醫學與非醫學界，也有不少人在作類似的努力，而且可說各有千秋但目標一致。但我知道在一九八〇年代，我在台南想爲國家多培育幾個更有人性的下一代的努力，並未立即贏得同道的共鳴與附和。所以我當時難免有單打獨鬥的感覺，常常覺得沮喪與孤單，但我不介意。

卓越無國界

不少成大校園內的同事們，稱成大醫學院為美國學校呢。言外之意，在美國被認為卓越的，在這不同的文化社會不一定是卓越的。抱有這種觀念的人該知道，教養與卓越，在全球化趨勢明顯的今天是超乎國界的。如果我們大多數的人認為教養與卓越的風格今天仍有明顯的國界，我們政府就不必所費不貲地聘請老外當顧問，對我們的政府各種措施提出改善的建議。如果卓越有國界，他們會認為我們的缺點反映我們的文化特點，沒有改善的迫切需要，也會認為這些缺點並不值得大驚小怪。

我和已去世專管醫藥方面的行政院科技顧問艾凡．貝芮特（Ivan Bennett）極有深交。有一天在關子嶺朋友的別墅，我提到國內教育的一個問題，他向我說：

「不要太憂心了，我們美國也有同樣的問題。」我大不以爲然地回他道：「Ivan，你如果開始有這種態度，以爲這裡的缺點美國也有，就不值得大驚小怪，你怎能稱職地當我國行政院的科技顧問？」我的回答使他愕然，我不能忍耐這種態度。我們不是在比誰較差，而應比誰的月亮較圓，不是嗎？當單槍匹馬打仗時，我說過我認爲應有抵得住冷嘲熱諷招來的孤寂的功夫，堅拒同流合污。所以我一直主張我相信是對的，我就說我該說的，換言之我一直能擇眞善而固執。我認爲回國以來，已經耍了渾身解數爲國內的醫學教育，也爲好學認眞的學生做了不少事。

我一直以爲我所做的，從長期的眼光衡量，對病人是有好處的，因爲我關心的終點在病人。

強調生命觀

教養與生命觀有密切的關係。對生命不尊重，社會上駭人聽聞的事件就永遠不斷。生命觀該是教養的核心問題。我擔任教育部的顧問時，曾經建議曾志朗部長，應該訂二〇〇一年爲生命教育年。結果這主意雖獲得同意，但行動上並不見得眞正落實，因而沒發揮成效；現在回首，沒有多少人記得有這麼一年吧。

後來有一次在黃榮村部長時期，行政院要求教育部訂下什麼是我們社會的核心價值。我被選爲教育部找出這個社會所缺乏的核心價值的委員之一。記得我首次開會時未能與會，等第二次開會時，已有委員根據上一次決議爲教育部擬定了寫滿一張紙的核心價值短文，從亞里斯多德一直寫到康德，看了實在不容易懂，且有賣弄學識的濃厚味道。我當場主張核心價值只能有一個，因爲社會問題都互相牽連，論述可由這核心開展，成爲同心圓。實際上我國社會的核心問題在缺乏生命觀的素養，是一點都沒錯的。由生命觀的建立做起，逐漸擴散到有關聯的各問題，社會的風氣或可扭轉也說不定。所以教育部後來送到行政院的核心價值文件，是大幅修改後的產物，可惜它與挑戰二〇〇八年的工作似乎是掛鉤的，故下文如何，至今不詳。

重視語文

但我並不是容易被打倒的人，教養的提高對我們社會擺脫庸俗的生活是何等的重要。在這一點，從事教育工作的人不爲下一代的教養作一點努力，就談不上從事教育的貢獻。

前文已經說過教養的起點是在語文的成就。我在台南的十八年中，曾經欣然答應位於台南市民生路的基督教青年會之請，在該會開了一週兩次的晚間英文課。我的英文課的主軸是教班上人士唸英文的《時代周刊》，《時代周刊》社則免費供應學生每期的雜誌作呼應。我不是教他們會唸《時代周刊》裡的文章就了事，我還向他們解釋每個字的字源、地名、人名有關的典故，以求增廣他們的見識、見聞。我要班上人士有宛如曾經親身經歷過這些地方的感受。我一定開展了班上一些人的視野，增加了他們的審美觀、歷史觀，豐富了他們的教養，不然今天我偶爾有機會到台南，路上遇到舊日班上的社會人士，他（她）們不會還懇求我回到YMCA去教他們英文。那一段講課時的感受，以及今天邂逅他們時向我表達的熱切期望，讓我感到台灣這社會有數不清的好學人士等著有志者去替他們開竅。我們對這些人有乙份責任，因為我曾摸索過許多東西，這些東西都值得傳給他們，幫他（她）們提昇，成為更有涵養的人。我很懊悔一年之後公事太忙，沒能繼續為他（她）們的生活出一點力。後來成大的師生要求如法炮製，我就在成大醫學院內開課，也曾帶給我不大不小的成就感。

教養不全是天上掉下來的禮物，教養要靠個人的努力才能增幅，而這種努力的重心，在省思與閱讀，閱讀就要靠語文。多通曉一種語文是多一種工具幫自己成長，這不必再贅述，所以我個人在語言方面為眾人所付出的棉薄之力，必不會是浪費。對閱讀價值的認知，是我由衷支持曾志朗院士與夫人洪蘭所推動的學童閱讀運動的原因。閱讀習慣的建立不嫌早，愈早建立，可唸的書籍範圍愈大。但如果晚一點起步也無妨，反正任何好事不嫌晚，以英文表達，這叫better late than never。

武田書坊的意義

武田書坊是重視閱讀觀念的產物之一。武田書坊是於一九九〇年六月十五日由日本大阪的武田製藥捐助一百多萬而成立的。創設武田書坊的目的，完全鎖定在增強師生的教養。武田書坊所藏的書，都是與醫學有關的教養書，包括歷史、傳記、倫理、事跡、論述、藝術家的病史，以及醫師與護理人員寫的文藝作品及手記，目的在擴大學生的視野，拆除容易使醫師沉淪爲醫匠的枷鎖，幫他們進入更廣闊的境界。這些書籍多半是英文的，但也有中文與日文的。中文書較少絕對是難免的事，因爲這種勵志立身的高水準教養書，國內並不多，而與醫學有關的，則更是鳳毛麟角。這種書因爲市場不大，台灣不見得每本皆有出版社願意投資譯爲中文。不管如何，收藏的書幾乎全是由我本人介購。爲了點燃學生閱讀的興趣，不少的書有由我撰寫摘要式的簡短介紹，請館員打在紙上，貼在每一本書的第一頁。

我知道設立這麼一個書坊，配以舒適的家庭書房的氣氛，學生不見得就會蜂擁而至。建立國內學生的閱讀習慣並不容易，他們已是成人，生活方式與興趣多數已經形成。最好的方法是要利用武田書坊的書為教材，逼學生當成課程的一部分來唸。我自己不是喜歡歷史與外文嗎？我不是在YMCA教英文，所以我不是早就開了醫學英文課？把這些興趣拉到武田書坊成為一線是絕佳的機會。醫學英文課的讀本，統統是由武田書坊的書中挑選最合學生口味的文章編成的。我每堂課都不忘提醒同學，類似的文章在武田書坊的哪一本書還有，鼓勵他們去唸。我也把適於選讀的文章列名單，由每一位同學自己挑選，要同學在期末交乙份讀書報告。我也從來未忘記，把自己唸過的好書介紹給同學。這樣的努力不會沒有收穫，胡適之講過要怎麼收穫就怎麼栽，總會培養出一些閱讀外文書的新世代子弟的。

後醫系的學生于國藩在成大就學中，組織讀書會，唸《新英格蘭醫學雜誌》（*New England Journal of Medicine*）。現在在成大醫院泌尿科的成大醫學系畢業生蘇士銘醫師，到了德國用德文寫明信片來問候我，到了日本則用日文寫信幽默我一番，使我內心極為喜悅。我唸了伯納德·羅文（Bernard Lowen）[37]的《失落的醫療技術》（*The Lost Art of Healing*）這本書的日譯本，覺得這一本書對醫業人員的啓發性極大，非有原文本加入家裡書房的藏書之列不可。其實這本書已有中譯本叫《搶救心跳》，但我要的原文本，在誠品書店未尋得。有一天現在成大外科的阮俊能醫師背著一個書包來寒舍相訪，我告訴他遍尋那本好書不著，他說書包裡有一本可以相贈，我就知道他唸的外文書的深度。這種學生將來會成良醫是指日可期的。

贈書

我教導的學生會在我的生日或小恙住院時贈送我書，也使我覺得頗為溫馨。贈送一本書給別人是教養的一種表現。第一，贈送者要懂得送的書好不好，第二要曉得受贈者喜讀何種書籍。摸不透這些事，送的書很可能被受贈者打入書架的冷宮，任灰塵沉積在上，遭受連碰都不碰一頁的命運。所以不管送書給我的是諾貝爾獲獎人或是一位學生，我對別人所贈的書都很愛惜，尤其是上面簽有名字或惠贈嘉言的。贈書代表心靈的分享，心橋的建立，大女兒岫清在小學、中學、長大時，都是由我選書贈送給她，她會珍惜地唸。有一年我的生日，她送我一本芭芭拉·塔企門（Barbara Tuchman）寫的《練習歷史》（*Practicing History*）[38]，眞是使我既意外又驚喜。我知道岫清已經長大到摸得出我閱讀興趣之所在，而她贈書的行動表示她已經掌握閱讀在人生的重要性，她知道如何以有書香的禮品祝福我的生日。岫清今天還不時地會從紐約寄雜誌、報紙撕下來的文章，以及她覺得合我胃口的書，從不間斷，而我呢，我不管什麼人送我書，都有非把它唸完不可的責任感。

所以當蘇士銘醫師從奧國寄來一本奧匈帝國王朝（Habsburg）的家族疾病史[39]，我是很受感動的；外科的陳俊生醫師在我的生日送給我一本韓素英寫的英文書，一樣使我喜出望外。從事教育的人，就是會有這種造就別人的喜悅。這些能表現品味與教養的人是特殊的一群，但未能以行動表達這種內心感受的人，也不見得在教養的培植方面沒有斬獲而可輕予放棄。問題的關鍵皆在爲人師長者，包括父母，能爲自己的子弟或子女樹立典範而不計成敗。我每次到成大就到醫學圖書館，挑幾本書查看封底的借書紀錄，看有沒有人借，如果沒有人借就使我擔心，有人借才會使我放心

武田書坊之類的圖書特區設立了之後，顯而易見還得有類似上述的種種配套

措施才能達到武田書坊的設立初衷。這也是從事教育工作者應時時警惕，不能絲毫鬆懈的事。因為國內不乏來問武田書坊為何物的學校，也有把武田書坊所藏的書籍名單全要過去，設立類似書坊的學校，但落實得有聲有色的則寥寥無幾，可見在這教育職業化的狂瀾內要在教學活動裡拿出創意，為教養的培育找一席之地，並非易事。

無欲

我在成大期間曾爲大多數同事改英文的論文，送來文稿給我從來未予拒絕。我歡迎這種工作的原因，是自己無暇動手做自己的研究與實驗，爲同事改論文是唸期刊之外，吸取同事們所做研究領域的知識的來源，對我本身，它是跟著時代走不可或缺的管道。

我替別人改論文從不馬虎，而且改完後，絕不擲回論文讓同事自己去閱讀改完後的論文了事，我一定請同事來坐在旁邊，逐字解釋改正的原因，順便討論寫英文的秘訣。有時改好要他們繕打後再改一次，從未草草了事。有時這種需要兩個小時左右的互相討論會落在週末家裡舉行，但從未想過要把自己的名字掛在作者之列。如果同事不在「感謝」一欄感謝我，我也不在乎。所以我的履歷表上面的論文列表，在一九八四年即告終結，直到卸下院長職務，實際又參加研究工作再起步，才有了新的論文。

我和喬大醫學院兩位舊同事抱有共識，這共識是：如果沒把握根據論文內所公開的實驗結果作口頭報告或學術演講，且答辯聽眾的質疑，就沒資格要自己的名字列在作者之列。沒參加實際的研究工作，只替人改一下論文當然就不構成爲作者的條件，如果可以，這太便宜了作者的頭銜，我認爲是不倫理的，這態度與教養也有直接的關係。教養的一大要素，就是自律謙卑而不隨便邀功。

台灣的科學家常因自己的名字是否列爲作者，或列上去後的排序問題引起不愉快的暗爭與糾紛，或甚至意圖不勞而獲，是缺乏學術倫理與教養的表現，在我眼中是可笑而遺憾的紛爭。我相信要做到無欲則剛，還是靠教養，不應該有的榮耀不應該沾手，榮譽得靠自己贏得，切不可搭個便車而乘涼。這也是我在有人推薦我競選各校校長時，從來不去運作爭取的原因。

對談或漫談

我把dialogue譯爲對談，或可能更貼切的譯名是漫談。漫談的目的在分享經驗與看法，談話漫無目的，也沒有固定的話題，但它是智識分子長進而提昇自己很好的方法。

我在喬大那一段時候，同事們每人帶三明治等午餐，聚在科裡的會議室有話就說，話題可由北移到南，純屬一場雜談，但從這些雜談中不知吸取了多少別人的生涯觀，或如何對待學生的技巧，甚至如何整理檔案等有用而值得移植到自己生活裡的知識。

我生性喜歡分享知識，而享受分享知識的樂趣，是教師工作的先決條件，所以我很想念那一段在午餐學習生活與工作技巧的經驗，於是我在主持成大那一段時候，創立了週三中午的所謂漫談時間。有興趣的師生皆可自帶午餐參加，不參加也無傷大雅，中途離席當然也無妨。我知道不少很懷念這dialogue的成大同事，認為他們都從中學習了如何做人的道理。我有在加拿大蒙特婁的馬吉爾（McGill）大學當外科教授的同學名叫邱智仁，有一年他回國訪問成大，剛好碰到週三的漫談節目，他以很羨慕的語氣說：「你們怎麼會有這麼好的聚會互相砥礪！」

一個有良心的教育者，一定獻身於教學的成敗，很在乎他所教的東西，有沒有重大的遺漏。每個老師一定有過講完課，才發現重點未提或犯類似錯誤而引以為憾的經驗。我到底如何避免明年以後又犯同樣的錯誤？我曾在漫談中披露我的方法：「去設立一檔案叫『二〇〇四年犯的錯』吧！當二〇〇五年講課時，把這檔案一打開，保證明年不會再犯今年犯的錯。」dialogue是與同事同時成長，而又是一個領導人保持草根性的一個重要方法。

拉近距離

國內的學生常說，校園內、校園外找不到適當的典範。就是有典範，也因傳統的尊師重道觀念而難除隔閡，故能直接領受教師身教的學生，少之又少。這對設法加速發展視野，育成素養而不是只靠自身的摸索前進的學生，可以說是嚴重的障礙。這在醫學生的教育也是一大瓶頸，因爲挑一個典範作學習的目標，對自我提昇很有效用。觀察過所謂病房迴診，或有人稱爲床邊教育的人，不會沒有深刻的印象，它似乎是蘇格拉底、柏拉圖或孔子帶學生進行教學情景的再現。病房的迴診，幾乎是把紀元前的教學方式，在大學裡保存得最完整的教學方法，也是典範作用最容易發揮的場合。它成功的要素，是師生活潑的對話，老師講話的目的是指點學生，啓發學生思考，而學生的問話，則在求疑點的闡明。說它是挑戰老師，有點過分，因為學生只是一條迷失的羔羊。就說是挑戰，老師還得有接受挑戰的雅量，這是典範作用之所在。學生敢不敢發問，攸關床邊教育的落實或成敗，所以我經常提醒學生在課堂在床邊的尊師重道之情，必須予以適當地排除。其實好的老師多半是很喜歡學生提出問題的。台灣的學生卻不敢讓別人知道他（她）連這都不懂，怕別的學生嗤笑。但不能忘卻的是任何提問都藏有做人與做學問的兩面道理，所以發問的膽量對教養絕對是有必要的。

這樣說來做導師的人或教師扮演的角色更重要，因為他會面對的學生問題，多半是感情、生活上不能解套的癥結。我觀察到的一個奇怪的現象裡，最顯眼的是我們多數教員口說「隨時找我，我的門是敞開的」，但他（她）們的辦公室的門實際上是經常緊閉，讓訪者躊躇不前的。明明在辦公室裡，但門卻緊閉的老師在台灣不在少數。我在喬大上班，資深老師曾教我辦公室的門最好常開，有女同學在內時尤其不能關起門來，因為這立即會引來閒話。

我認為既然台灣學生比外國學生少登門找你，你就乾脆找時間找他們，而且是全班一起來，一網打盡，目的在作精神的講話，談他們應該如何規劃前途，現階段的努力應集中在哪裡，替他們爲社會的一些重要時事指出思考與分析之路，要他們創立有目標的人生觀。我刻意地要求秘書安排與一年級及二年級學生在教室雜談，是一種和他們的dialogue，火力集中在這兩年的原因，是我一直認爲高中畢業剛入醫學院的前兩年是預科的緣故，這兩年是學生還不應該踏入專業的一個階段，在美國，這一段時間長達四年，我們僅有二年，怎能輕易放過？我和他們經常見面另有原因，因爲我認爲師生如果從媒體方能獲得本校的消息，而事先未從院方獲得，等於是溝通與治校的一大失敗。

開課的原則

我認爲死要在制式課程的舊櫃子裡翻箱倒櫃，找該開什麼課是刻板的理念。在大專層次過分熱衷於套餐式的課程，培養一個模子做出來一批批的智識分子，我沒多大興趣。基本的課開夠了，就該多向多樣化課程（diversity）動腦筋，才能發揚「雜種的潛力」。

前文講過有一次我在護理系上一堂病毒課，打出了一張學生沒見過的、經病毒感染的細胞的幻燈片，我請端坐前排的一位女同學描述的故事。能有條有理地說出腦中所想的意見被視爲是智識分子的第一特質，我很擔心，還未長大成人的這類學生，在四年以後，將如何能在病人床邊照顧病人？下課後，我立即找來護理系主任，我建議她下學期立即開課，這門課以幫學生成長爲主旨，訓練她們表達及觀察的能力，我建議主要內容應包括美國幼稚園學生經常在做的Show and Tell。

我到過不少重點高中宣傳成大醫學系，希望他們能在聯考後選系時，塡成大爲第一志願。有一次到了我的母校新竹中學。那天來聽我演講的有七十位左右同學。我因好奇，就問他們自己決定來聽我演講的同學請舉手，結果舉手的僅有三十五位，其餘的同學顯然是家裡希望他們唸醫學，來聽講蒐集情報的，說不定有不少是不知爲誰而讀的年輕人。但當天我的演講內容根本無法介紹醫學的每一層面，所以我深怕有不懂醫學到底爲何物的同學考取醫學系，唸了之後方知選錯了職業。這些同學雖不懂醫學是何種生涯，就乘一試定江山的車子溜進醫學殿堂。我認爲這也是我們的社會充斥醫匠的主要原因。換言之，不知從醫之後需要在生活上作何種調適，不知醫學需要的是利他主義的人生觀，卻貿然接受家長的指示而選讀醫學，等於是對自己的生活沒有主見的表現。讓這種學生留在醫界，對爲病人福利把關的醫學院來說，我深覺有虧職守。所以我早在一九八〇後期，就開了所謂「醫學生涯」一門課。這門課聚集了所有醫學系畢業後選擇不同專科的專家，詳細地介紹畢業後可走的出路與他們選擇專科的心路歷程。我通常一定上第一課，爲他們介紹這門課的目的何在。我一定說明：我要把事情說清楚講明白，如果在這門課結束之後，覺得醫學不是你追求的生涯，請立即走路，不要在此浪費時光，趕快另覓適合性向的學域，去追逐自己的美夢與尊嚴。

我們的教育難免是模仿美國的醫學教育，而美國的醫學院協會講得很明白，醫學教育的目標在培育有1.利他情懷，2.有知識，3.有治病技能，4.及有敬業精神的高度專業人員（professional），從醫的目的，本不在成爲富翁。如果沒把握滿足這些自律與教養的要求，同學或者覺得唸七年麻煩，不值得花那麼多時日才能成器，或不合經濟效益，就不應該在醫學系裡混日子。

教養的要件在尋找自我立身立業的途徑，才能挺胸直立，過有尊嚴的一生，何必一輩子將就別人的意見，替別人唸書？那不等於是在過沒有成就感的一生？

做良醫之前先學做人

任何人訪問成大，在圖書館的左邊，必定會看到兩千四百年前，西方醫學的鼻祖希臘人希伯克拉底斯所寫的醫學的倫理規範，它是從醫人員的準則。這準則經年累月被西醫界奉爲誓詞，而各國皆有譯文。成大圖書館左邊的陶壁上寫的就是這誓詞，醫學系學生在七年級成爲實習醫師時，舉行宣誓，要跟著代表朗頌一番。

醫師就職宣言

准許我進入醫業時：

鄭重地保證要奉獻一切爲人類服務。給師長應有的崇敬及感戴；憑良心和尊嚴從事醫業；以病人的健康爲首要顧念；尊重所寄託予我的秘密；盡我的力量維護醫療的榮譽和高尚的傳統；視同業爲同胞；不容許有任何宗教、國籍、種族、政見或地位的考慮介乎我的職責和病人之間；最高地維護人的生命，自從受胎時起；即使在威脅之下，我不運用我的醫業知識去違反人道。我鄭重地、自主地並且以我的人格宣誓以上的約言。

如果我們的教育能不盲目的強調學以致用，踐踏掉大器晚成的格言，不一味地強調升學與就業，爭取近利，我們的醫療環境可能會有與今日不同的面貌。但環顧我們的醫療環境，能夠劍及履及實踐這誓詞裡的話的醫師到底有多少？不少醫師早就向現實的環境舉雙手投降。不少優秀的醫學生在七年的前兩年經我本人集中火力，精神武裝之後，到臨床學習的階段，目睹醫療環境的現實，常疑惑叢生而迷失方向，不能相信理想與現實的差距這麼大。於是乎會跑到院長室向我詢問：「院長，你跟我們說的與醫院那邊的世界，是兩個不同的世界，你知道嗎？」

我會答曰：「我當然知道，不然我不會爲你們做那麼多精神武裝的工作。」我會說：「但不要同流合污，那會使我垂頭喪氣。請你做別人不敢或不肯做的事，抵抗那強勁的孤寂感，只管擇眞善而固執下去。教養絕不允許你把自己的快樂與利益放在病人的病痛之上的」。

我感謝成醫圖書館右邊的標示版上寫上了我說的一句話：「做良醫之前先做成功的人。」這與我另外一句留給全國各校同學的話，是相呼應的：先做文化人，再做專業人。如果不先做成功的人，身上就是具備一技之長，人將不會找到適當的刀口而會走入歪路。這句話不僅能用在醫師，也可以適用在所有的職業人。這兩句話其實就是教養之所在。許多人問我，尤其是同學，什麼是文化人？文化人是對別人的感受有敏感性的人，知道如何對調立場，而知己所不欲勿施於人的人，是主張利他主義求與別人共榮的人，是生活有目標的人。社會因這種人而繁榮，享受這繁榮的還是自己！

塑造獨特的校園文化

但排出課程教育學生，並不是培育學生教養的最有效方法，也不是唯一的方法。改變一個人的態度與習性，比什麼都難。俗語不是說江山易改本性難移？教養是改善人性最好的方法，但前文早已經說過它是模糊不清，不容易確認、摸索到手的東西。氣質是它的一部分，氣質是一件東西嗎？不管如何，德國人艾涅斯特．約翰（Ernest Johann）及尤格．約克（Jörg Jurker）在其一九七〇年出版的《近百年來的德國文化史》中，引用洪保德說教養是值得智識分子盡所有的努力而追尋的一件大資產[40]。根據這兩位作者的意見，德國典型具有教養的人物是一八三二年辭世的歌德。典範雖逝，有志建設優質社會的人，將繼承教養而努力地傳承下去。德國人對文化的貢獻是不斷的。教養與浸溺在文化習性的關係密切，兩者可以互補互助，而兩者都是在個人的生活與社會的生活裡滋長的。創設柏林大學的洪保德曾經論述文化與教養的關係曰：文明是指諸民族對諸制度的開化及與這些制度開化相配合而來的情緒調整。文化是指這種社會的文明開化的純化與提昇，再附加科學、藝術的修練而成的產品。但教養，指的是位於更高層次的內在的風骨。它發自對倫理與精神的認知與掌握，在一個人的言行感情與性格上，拿捏恰到好處而表現出來的有品味與平和的生活。

如果我們的教育不能重視這種文化面所滋養的自覺與內心自發的琢磨努力，我們的社會在經濟的指標上面或可以顯出競爭力，卻很難在精神文化上擠入先進國家之林。雪文・努連（Sherwin Nuland）[41]在他的《我們如何死亡》（*How We Die*）與我新竹中學的同期同學傅偉勳[42]，在他的《生命尊嚴與死亡尊嚴》裡，都坦率的指出人的尊嚴，指的是在世過著身心健康生活時的尊嚴。有生之年沒有尊嚴，死就沒有尊嚴；換言之，如果想死得有尊嚴，必須經營有尊嚴的生活。

人要生活，不能只求生存。只求生存的是動物禽獸，禽獸求生存是一種反射性的本能。這種生存的本能，人是從動物承襲下來的，但人卻發展了動物所沒有的頭腦。這腦使他思考，使他憧憬遠景與溝通，追求美與卓越，人類創造了文化與社會，具備了成爲社會人的特殊的生活方法。這種憧憬的總和就是教養。我已說過，達不到完人的人也不必氣餒，能向這目標努力，就吐放得出一份氣息。在這一點，我認爲我們在教育內涵與社會生活品質的改善方面，有相當的迷失，不說別的，在最基本面上，我們幾乎完全忘了教育能培育教養，滋長教養，而隨便讓講求生存的職業教育來取代眞正的教育。

我們的大專院校二十年來，在教育部全力支援之下，加強了所謂通識教育。但就是在教育部所挑選的七個大專院校中，學生們仍把它當作「營養學分」。我個人認爲，除非有一天同學不再把它當作營養學分，通識教育不算成功。換言之，除非學生認爲這些課程或這類教育，是成爲文化人必修的課程，通識教育只是空談。

當我提出我對通識教育的看法時，在座已故的前加州大學柏克萊校區校長田長霖，除了贊成我的種種看法外，另外加註了他的意見。他認爲大專院校若沒有自己的校園文化，就不用談陶冶學生。我同意他的看法。我在成大院長任內也做過努力，爲成醫樹立文化傳統，促進國際地位。成大醫學院不但有武田書坊，以及基於先做文化人，再做專業人的理念而推行的預科制度，推行外文教育，鼓勵學生涉獵課外書，也有諸多文化的活動。

最重要的是我們有中華汽車林信義先生提供的文化活動捐獻金，使我們能邀請傅聰及省立（現國立）交響樂團、德國的大提琴家萊納・霍赫穆斯（Reiner Hochmuth）、台灣本土的蔡采秀女士、瑞士的伊莉莎白・肯特（Elisabeth Gunther）、蘇俄的瑪利亞・海飛茲（Maria Heifetz）、日本明治大學的曼陀玲隊、美國音樂大使菲利浦・伊凡（Phillip Evans）、日本的口琴隊、由梅茲率領的高雄市交響樂團，以及名聞世界樂壇的黃海倫等音樂家，來院參與塑造校園文化。這些活動還蒙統一的高清愿先生，業聯及中華兩營造公司各捐五十萬元，購買了一百五十萬元的德國名琴史坦威（Steinway），擺在成醫的音樂廳成杏廳裡。這一型的史坦威鋼琴是當時台灣的第五座，其他四座皆散佈在音樂系裡，只有我們的一座是在醫學院裡。我也慫恿學生組織了成杏合唱團，而個人至今每年還捐助武田書坊三萬元，合唱團另捐兩萬元，希望為創造成醫文化盡棉薄而細水長流之力。

教養、文化及傳統在國內的教育環境是很難建立的。它要獲得例行教育活動裡一席之地更非易事。人一走，面目全非，因為典範不在，台灣的單位又沒有實質的交接、交棒與交待，故傳統很不容易建立。台灣的所謂主管交接大多毫無意義，那是一種徒具儀式型態的典禮，沒有實質傳承的交待，等於表現了這是典型人治的國家的面目。好的教養文化，不一定能傳承，而被曲解了的文化卻容易立即侵入，因為遇到沒有教養的人，單位的文化會逐漸瓦解與腐蝕。

教養的火炬要靠成人傳遞給下一代，如果我們成人沒有火炬，當然無所謂傳遞。前面引用的羅索夫斯基的話像暮鼓晨鐘：「向學生好好說明一門課的重要性而激發學生的注意，終究是教師的責任。」我們的下一代會變成什麼樣的新世代，社會會如何浮沉，責任在我們每一個人身上。如果冀望一個較有品質的社會，不想淪落在庸俗的醬缸裡，我們都得捲起袖子，爲變成好的社會人而努力。

我的教養觀

台灣教育幾已全面職業化、功利化。這種傾向的藉口是我們是島國，需要生存，所以必須變成經濟動物。但要記得這樣賺進的錢，追根究柢還是那一點點的辛苦錢。寫這本書的目的很明顯，它的遠因在學界有一批有志而清醒之士，擔憂台灣社會已逐漸淪爲庸俗的共同體，連安居樂業都受威脅。社會任擠滿媒體的政治口水戰風吹雨打；摧殘兒童小生命的事件使社會有限的資源緊繃得無法應付；黑道與詐騙集團像吸血蝙蝠般正在以強力的武器與e化時代的新手法寄生在我們的社會，吸取無辜人民活動所賴的血液；我們的社會每四天就有一樁擄人勒贖的重大案件……。這些現象依筆者的看法，就是教育的嚴重失敗，主持教育的人拿不出辦法來教導國民學做人所致。幸好台灣各社會階層仍有生性善良，隨時準備去幫那些想「找到自己」的人。

我是樂觀主義者，如果我不是樂觀主義者，我不會在一九八〇初被夏漢民、李國鼎諸位先生說服，把家人留在美國，隻身回來台灣試試我可以爲鄉梓做些什麼。離開華府前夕，我的摯友，台大醫學院同班的張步良醫師再三叮嚀，回國後貢獻的目標要放在全國，不要局限在台南成大。我重複，我是一個樂觀主義者，我沒有太大的野心，但我堅守正義，爲病人奉獻的理想，讓和我同事過的人都說我無欲故剛，我想我受之無愧，因爲我在國內工作很少想到自己的利益。

這也是我和何曼德院士談得來，而能各自抒懷的原因，因爲我們倆對台灣的病態有深入的探討而共享關懷與痛心。我的心痛似乎在陳水扁總統的那篇畢業演說時達到高潮，這件事幾乎使我手足失措。我怕這會把我個人在全國鼓吹的「先做人，再做專業人」的努力一舉吹走，不留痕跡，這怎不使我緊張？從某一角度來說，我比何曼德院士還著急，因爲台灣是我的出生之地，是我的故鄉，如果它沉淪，是我國土的頹廢。所以當我被選爲總統辯論的提問人時，我不能抑止「幸運兒」的喜悅，立即答應了這項天上掉下來的使命。我當然問我最關心的事，兩位候選人對我所提出的問題都未給我一個滿意的答覆，表示他們都沒有想過這問題。但「教養」卻已變成全國各高中大學以及社會的話題，這樣我已滿足。

所以究竟我還是一個樂觀主義者，我們需要對極端講究學以致用的庸俗教育踩煞車。

經過一番交叉剖析，我們可以為教養再下一個結束本書前的定義：教養是徹底了解自己的志向、愛惜生命、領悟生活要比光求生存重要、知道自己在宇宙與社會的定位，根據利他主義的原則成為對社會作貢獻的社會人，有目標、知有所為有所不為，燃燒自己有用的一生的熱量，和諧地在這世界一遊的人。解讀方式有如圖二。

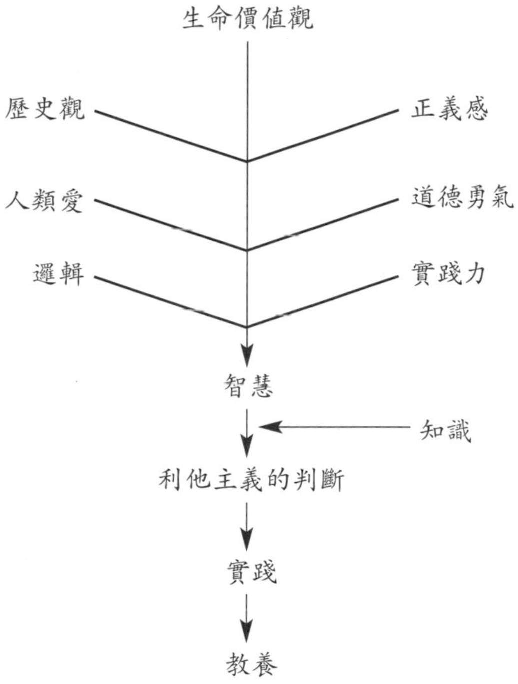

圖二、我的教養觀

這個定義可能不完整，但已涵蓋我智力所能。讀者要記得我不是哲學家，如果我是屬於「家」級的人，我只是一個教育家。要我爲教養下更確切的定義，非我能力所及。

教養有天資的成分，教育是重要的手段，但教育的內容要掌握得正確。教育以育成智慧爲主，在觀念上必須與訓練劃清界線。教養是認識自己（find yourself），靠自己的努力而提昇，它是沒有止盡的進步沃野，不要以爲懂得一點生活知識，就目中無人，這世界是沒有完人的。我也絕不是完人，但我認爲我知道自己的能力極限，我知道我每天都在努力。

我不會堅持我的定義才是一個標竿，我相信讀者們心裡一定也有一把尺來衡量什麼是教養，說不定你的還比我的靈光也不一定呢！

參考書目

參考書目

1. 何曼德，《我的教育、我的醫學之路》，二〇〇二，新新聞出版。
2. Han, Suyin. *Der Grosse Traum.* 一九八五，Goldmann. 英文版：*The Crippled Tree.*
3. Darwin, Charles. *The Origin of Species.* Originally published in 一八五九，Penguin Classics.
4. Javitt, Daniel C. and Joseph T. Coyle. Schizophrenia. *Scientific American,* January, 二〇〇四。
5. 黒田末壽，片山一道，市川光雄，《人類の起源と進化》，一九八九，有裴閣雙書系列。
6. Revel, Jean-Francois and Mathieu Ricard. *The Monk and the Philosopher.*

Translated by John Canto，一九九九，Thorsons, London.

7. 秋山さと子，《夢診斷》，一九九六，講談社。

8. Bronowski, Jacob. *The Origin of Knowledge and Imagination.* 一九七八，Yale University.

9. 無藤隆，《赤ん坊から見た世界》，一九九七，講談社。

10. Buck, Pearls. *My Several Worlds.* 一九五四，John Day.

11. White, Theodore H. *In Search of History.* 一九七八，Harpers & Row.

12. 鈴木孝夫，《ことばと文化》，一九九七，岩波新書。

13. Rosovsky, Henry. *The University—An Owner's Manual.* 一九九一，Norton.

14. Hirsch, E.D., Jr. *Cultural Literacy.* 一九八八，Vintage.

15. 林語堂，《生活的藝術》，一九八七，遠景出版。

16. Zigas, Vincent. *Laughing Death.* 一九九〇，Humana Press.

17. Hibbert, Christopher. *The French Revolution.* Penguin Books.

18. 黃崑巖，《醫眼看人間・我看清明上河圖》，二〇〇〇，天下生活。
19. 漢寶德，《漢寶德談美》，二〇〇四，聯經。
20. Davidson, James W. *The Island of Formosa, Past and Present.* Originally published in 一九〇三 by Macmillan & Co., Reprinted by SMC Publishing Inc. in 一九八八。
21. 李長之，《司馬遷之人格與風格》，一九九九，里仁書局。
22. Chernow, Ron. *The Warburgs.* 一九九四, Vitage Book.
23. FuKuyama, Francis. *Our Posthuman Future— Consequences of the Biotechnology Revolution.* 二〇〇二，Pan Books Limited.
24. 司馬遼太郎，《オランダ紀行》，一九九八，朝日新聞社。
25. Portman, Adolf. *Biologische Fragmente zu einer Lehre vom Menschen.* 一九五一，Benno Schwabe & Co.
26. Van Doren, Charles. *A History of Knowledge.* 一九九一，Ballantine Books.
27. 阿部謹也，《「教養」とは何か》，二〇〇一，講談社。

28. Pierson, George W. *Yale: A Short History.* 一九七九，Yale University.
29. Conway, Jill K. *The Road from Coorain.* 一九八九，Vintage Books.
30. 王定和，*Why the Chinese Act This Way*。
31. Hibbert, Christopher. *The Dragon Wakes.* 一九八八，Penguin Books.
32. Schwebell, Gertrude C. *Die Geburt des modernen Japan in Augenzeugenberichten.* 一九八一，Deutscher Taschenbuch Verlag GmbH & Co. KG.
33. 司馬遼太郎，《歴史を考える》，二〇〇〇，文春文庫。
34. Bowers, John Z. *Western Medicine in a Chinese Palace* — PUMC 一九一七至一九五一，一九七二 Josiah Macy, Jr. Foundation.
35. Zinsser, Hans. *Rats, Lice and History*, Originally published in 一九三四，Published again in 一九六三，Little Brown & Co.
36. Goldhegen, Daniel J. *Hitler's Willing Executioners: Ordinary Germans and the Holocaust,* 一九九七，Vintage Books.

37. Lowen, Bernard. *The Lost Art of Healing.*

38. Tuchman, Barbara W. *Practicing History,* 一九八一，Alfred A. Knopf, Inc.

39. Bankl, Hans. *Die kranken Habsburger,* 一九九八，Verlag Kremayr & Scheriau, Wien.

40. Johann, Ernest and Jörg Junker. *Deutsche Kulturgeschichte der lezten Hundert Jahre,* 一九七〇，Nymphenburger Verlgshandlung GmbH.

41. Nuland, Sherwin B. *How we die.* 一九九三，Alfred, A. knopf, Inc.

42. 傅偉勳，《死亡的尊嚴與生命的尊嚴》，一九九四，正中書局。

黃崑巖談教養

2004年9月初版 定價：新臺幣200元
2019年5月初版第三十四刷

著　　者　黃崑巖
叢書主編　林芳瑜
校　　對　黃榮珠
封面設計　古其創意
封面攝影　張良綱

出版者　聯經出版事業股份有限公司
地址　新北市汐止區大同路一段369號1樓
編輯部地址　新北市汐止區大同路一段369號1樓
叢書主編電話　(02)86925588轉5318
台北聯經書房　台北市新生南路三段94號
電話　(02)23620308
台中分公司　台中市北區崇德路一段198號
暨門市電話　(04)22312023
郵政劃撥帳戶第0100559-3號
郵撥電話　(02)23620308
印刷者　世和印製企業有限公司
總經銷　聯合發行股份有限公司
發行所　新北市新店區寶橋路235巷6弄6號2F
電話　(02)29178022

總編輯　胡金倫
總經理　陳芝宇
社　長　羅國俊
發行人　林載爵

行政院新聞局出版事業登記證局版臺業字第0130號

本書如有缺頁，破損，倒裝請寄回台北聯經書房更換。 ISBN 978-957-08-2760-6 (平裝)
聯經網址 http://www.linkingbooks.com.tw
電子信箱 e-mail:linking@udngroup.com

國家圖書館出版品預行編目資料

黃崑巖談教養 / 黃崑巖著 .
--初版 . --新北市：聯經，2004年
224面；14.8×21公分 .
ISBN 978-957-08-2760-6(平裝)
[2019年5月初版第三十四刷]

1.修養 2.教育

192.3 93016735